CAMBRIDGE PLAIN TEXTS

EL PRÍNCIPE CONSTANTE

EL PRÍNCIPE
CONSTANTE

by
DON PEDRO CALDERÓN
DE LA BARCA

CAMBRIDGE
AT THE UNIVERSITY PRESS
1968

CAMBRIDGE UNIVERSITY PRESS
Cambridge, New York, Melbourne, Madrid, Cape Town,
Singapore, São Paulo, Delhi, Mexico City

Cambridge University Press
The Edinburgh Building, Cambridge CB2 8RU, UK

Published in the United States of America by Cambridge University Press, New York

www.cambridge.org
Information on this title: www.cambridge.org/9781107687493

First Edition 1938
Second Edition 1957
First published 1968
Re-issued 1968, 2013

A catalogue record for this publication is available from the British Library

ISBN 978-1-107-68749-3 Paperback

INTRODUCTION

THIS FAMOUS play dramatizes the legend of Prince
Ferdinand of Portugal. A member of the unsuccessful
expedition against Tangier in 1437 led by his brother
Prince Henry the Navigator, the historical Ferdinand
did not oppose the surrender of Ceuta for which he was
handed over to the Moors as a hostage; it was not by his
wish that the pact was broken and that he was left to die
in captivity. The fortitude with which he bore his
involuntary suffering was the basis of the legend that
transformed him into a Christian Regulus, choosing
martyrdom so that Ceuta should not be lost to Christen-
dom. The legend was dramatized, probably between
1595 and 1598, in a play entitled *La fortuna adversa del
Infante don Fernando de Portugal*, attributed to Lope de
Vega but more likely to be the work of the Valencian
dramatist Francisco Tárrega. This disorderly and, in
parts, extravagant play was Calderón's principal source.[1]

El príncipe constante was first performed in Madrid
early in 1629, a fact recorded in the complaint addressed
to the King by Fray Hortensio Paravicino against a
personal reference to him in the play; a complaint that
led to Calderón's punishment by a few days' detention in
his house, and to the suppression of the offensive passage.[2]

The play was first printed, in a very defective text,

[1] For the text of *La fortuna adversa* and for a comparative
study of the two plays, together with an account of the
historical and legendary sources of the theme, see Albert E.
Sloman, *The Sources of Calderón's 'El Príncipe Constante'*
(Oxford, 1950).

[2] For the whole incident see E. Cotarelo, *Ensayo sobre la Vida
y Obras de D. Pedro Calderón* (Madrid, 1924), pp. 131–141.

in the *Primera Parte de las Comedias de D. Pedro Calderón* published by his brother, José Calderón, in 1636, an edition that was reprinted in 1640. The play was re-edited in the *Primera Parte* (1685) of the complete collection of Calderón's *comedias* published by Juan de Vera Tassis. This text is an improvement on the *princeps* in that it corrects most of its errors and restores several missing lines, but it is by no means accurate and many of its variant readings seem to be arbitrary changes.

The Vera Tassis text was reproduced, with very few corrections and those not always acceptable, by Apontes (1760), Keil (1827), Hartzenbusch (1848), and Krenkel (1881), none of whom knew the 1636 text. Hartzenbusch established the punctuation which all later editors have followed. Krenkel suggested a few emendations, some of which are valuable. Maccoll (1888) has been hitherto the only editor to make use of the 1636 text, though he incorporated too few of its variant readings. Astrana Marín (1932), despite his diatribes against Vera Tassis, follows quite slavishly the Hartzenbusch version of the latter's text.

For my own text I have followed the José Calderón edition wherever its readings are superior to those of Vera Tassis, or wherever there is nothing to choose between the variants. I have also repunctuated the text. In several passages the meaning can vary according to the punctuation one can adopt; sometimes Hartzenbusch seems to me to favour a wrong interpretation. I have also incorporated such of Krenkel's emendations as I consider necessary, and have ventured to introduce a few of my own where textual difficulties require them. Only one of these, I feel, needs special justification. In the early editions, line 10 on page 88 reads *mío será el*

honor, mía la gloria. Keil retained the first *mío*, but
altered the other to *suya*; and this has been followed by
all later editors, except Maccoll, who reverted to the
original phrasing. But to retain the first *mío* still
attributes to Alfonso an egotistic ambition out of
keeping with the context (Enrique's reference to
Alfonso's *orgullo altivo* is directed against his blind
faith in providence and in Fernando's intercession); it
also introduces an unfavourable comparison between
his and Fernando's previous attitude (see p. 19, line 19)
which the play does not warrant. The additional
emendation I propose, by making the honour Fernando's
and the glory God's, would seem to give fitting expres-
sion to the Infante's final status as saint and martyr.

   I have also inserted (p. 18, lines 5–10) the censored
passage with the reference to Paravicino, the suppression
of which mutilated the rhyme scheme. Its insertion
completes the middle rhyme of the preceding *terceto*,
and by altering *consuelo*, which rhymes with nothing,
into *consejo* (a word which also fits into the meaning of
the passage) the rhymes of another *terceto* are regula-
rized; but some irregularity remains in that the two
following *tercetos* rhyme *c b c, d c d*, instead of *b c b,
c d c*. I have also ventured to suggest a completion of
the line which Paravicino did not quote in full.

   For a critical appreciation of this splendid play the
reader is referred to Professor Sloman's work already
mentioned, and to two articles by Professor E. M. Wilson
and the late Professor W. J. Entwistle, 'Calderón's
Príncipe Constante: two Appreciations' (*Modern Lan-
guage Review*, vol. XXXIV (1939), pp. 207–222).

                                        A. A. PARKER

December 1956

PERSONAS

DON FERNANDO	*príncipe*
DON ENRIQUE	*príncipe*
DON JUAN COUTIÑO	
EL REY DE FEZ	*viejo*
MULEY	*general*
CELÍN	
BRITO	*gracioso*
DON ALFONSO	*rey de Portugal*
TARUDANTE	*rey de Marruecos*
FÉNIX	*infanta*
ROSA	
ZARA	
ESTRELLA	
CELIMA	
SOLDADOS	
CAUTIVOS	

PRIMERA JORNADA

Salen dos Cautivos cantando lo
que quisieren, y Zara.

ZARA.   Cantad aquí, que ha gustado,
mientras toma de vestir,
Fénix hermosa de oír
las canciones, que ha escuchado
tal vez en los baños, llenas
de dolor y sentimiento.

CAUT. 1.   Música, cuyo instrumento
son los hierros y cadenas
que nos aprisionan, ¿puede
haberla alegrado?

ZARA.   Sí;
ella escucha desde aquí.
Cantad.

CAUT. 2.   Esa pena excede,
Zara hermosa, a cuantas son,
pues sólo un rudo animal
sin discurso racional
canta alegre en la prisión.

ZARA.   ¿No cantáis vosotros?

CAUT. 2.   Es
para divertir las penas
propias, mas no las ajenas.

ZARA.   Ella escucha, cantad pues.

CAUTIVOS.   *Al peso de los años*
lo eminente se rinde;
que a lo fácil del tiempo
no hay conquista difícil.

Sale Rosa

ROSA.   Despejad, cautivos; dad
a vuestras canciones fin;
porque sale a este jardín
Fénix, a dar vanidad
      al campo con su hermosura,
segunda Aurora del prado.

Vanse los Cautivos, y salen las moras
vistiendo a Fénix.

ESTR.   Hermosa te has levantado.
ZARA.   No blasone el alba pura
      que la debe este jardín
la luz y fragancia hermosa,
ni la púrpura la rosa,
ni la blancura el jazmín.
FÉN.   El espejo.
ESTR.   Es excusado
querer consultar con él
los borrones que el pincel
sobre la tez no ha dejado.   *Danle un espejo.*
FÉN.   ¿De qué sirve la hermosura
(cuando lo fuese la mía)
si me falta la alegría,
si me falta la ventura?
CELIMA.   ¿Qué sientes?
FÉN.   Si yo supiera,
¡ay Celima!, lo que siento,
de mi mismo sentimiento
lisonja al dolor hiciera.
      Pero de la pena mía
no sé la naturaleza:

que entonces fuera tristeza
lo que hoy es melancolía.
    Sólo sé que sé sentir;
lo que sé sentir no sé:
que ilusión del alma fué.

Pues no pueden divertir
    tu tristeza estos jardines,
que a la primavera hermosa
labran estatuas de rosa
sobre templos de jazmines,
    hazte al mar: un barco sea
dorado carro del Sol.

Y cuando tanto arrebol
errar por sus ondas vea,
    con grande melancolía
el jardín al mar dirá:
" Ya el Sol en su centro está:
muy breve ha sido este día."

    Pues no me puede alegrar,
formando sombras y lejos,
la emulación que en reflejos
tienen la tierra y el mar,
    cuando con grandezas sumas
compiten entre esplendores
las espumas a las flores,
las flores a las espumas;
    porque el jardín, envidioso
de ver las ondas del mar,
su curso quiere imitar,
y así al céfiro amoroso
    matices rinde y olores
que soplando en ellas bebe,

y hacen las hojas que mueve
un océano de flores;
 cuando el mar, triste de ver
la natural compostura
del jardín, también procura
adornar y componer
 su playa, la pompa pierde,
y, a segunda ley sujeto,
compite con dulce efeto
campo azul y golfo verde,
 siendo ya con rizas plumas,
ya con mezclados colores,
el jardín un mar de flores,
y el mar un jardín de espumas:
 sin duda mi pena es mucha,
no la pueden lisonjear
campo, cielo, tierra y mar.

ZARA. Gran pena contigo lucha.

Sale el Rey, con un retrato.

REY. Si acaso permite el mal,
cuartana de tu belleza,
dar treguas a tu tristeza,
este bello original
 (que no es retrato el que tiene
alma y vida) es del Infante
de Marruecos, Tarudante,
que a rendir a tus pies viene
 su corona. Embajador
es de su parte, y no dudo
que embajador que habla mudo
trae embajadas de amor.

Favor en su amparo tengo:
diez mil jinetes alista
que enviar a la conquista
de Ceuta que ya prevengo.
    Dé la vergüenza esta vez
licencia: permite amar
a quien se ha de coronar
rey de tu hermosura en Fez.

FÉN.   ¡Válgame Alá!

REY.   ¿Qué rigor
te suspende de esa suerte?

FÉN.   La sentencia de mi muerte.

REY.   ¿Qué es lo que dices?

FÉN.   Señor,
    si saoes que siempre has sido
mi dueño, mi padre y rey,
¿qué he de decir? (¡Ay Muley!   *Aparte.*
Grande ocasión has perdido!)
    El silencio (¡ay infelice!)
hace mi humildad inmensa.
(Miente el alma si lo piensa,   *Aparte.*
miente la voz si lo dice.)

REY.   Toma el retrato.

FÉN.   (Forzada   *Aparte.*
la mano le tomará;
pero el alma no podrá.)
                         Disparan una pieza.

ZARA.   Esta salva es a la entrada
    de Muley, que hoy ha surgido
del mar de Fez.

REY.   Justa es.

Sale Muley, con baston de general.

MUL.   Dame, gran señor, los pies.

REY.   Muley, seas bien venido.

MUL.   Quien penetra el arrebol
de tan soberana esfera,
y a quien en el puerto espera
tal Aurora, hija del Sol,
　　　fuerza es que venga con bien.
Dame, señora, la mano,
que este favor soberano
puede mereceros quien
　　　con amor, lealtad y fe
nuevos triunfos os previene,
y fué a serviros, y viene
tan amante como fué.
　　　(¡Válgame el cielo! ¿qué veo?)   *Aparte.*

FÉN.   Tú, Muley, (estoy mortal),
vengas con bien.

MUL.   　　　　　(No, con mal   *Aparte.*
será, si a mis ojos creo.)

REY.   　　En fin, Muley, ¿qué hay del mar?

MUL.   Hoy tu sufrimiento pruebas:
de pesar te traigo nuevas,
porque ya todo es pesar.

REY.   　　Pues cuanto supieres di;
que en un ánimo constante
siempre se halla igual semblante
para el bien y el mal. — Aquí
　　　te sienta, Fénix.

FÉN.   　　　　　　　Sí haré.

REY.   Todos os sentad. — Prosigue,
y nada a callar te obligue.

MUL.   Ni hablar ni callar podré.
         Salí, como me mandaste,
con dos galeazas solas,
gran señor, a recorrer
de Berbería las costas.
Fué tu intento que llegase
a aquella ciudad famosa,
llamada en un tiempo Elisa,
aquella que está en la boca
del Freto Hercúleo fundada,
y de Ceido nombre toma;
— que Ceido (Ceuta, en hebreo
vuelto el árabe idïoma)
quiere decir hermosura,
y ella es ciudad siempre hermosa; —
aquella, pues, que los cielos
quitaron a tu corona,
quizá por justos enojos
del gran profeta Mahoma;
y en oprobio de las armas
nuestras ya vemos ahora
que pendones portugueses
en sus torres se enarbolan,
teniendo siempre a los ojos
un padrastro que baldona
nuestros aplausos, un freno
que nuestro orgullo reporta,
un Cáucaso que detiene
al Nilo de tus victorias
la corriente, y puesto en medio,
el paso a España le estorba.
Iba con órdenes, pues,
de mirar e inquirir todas

sus fuerzas, para decirte
la disposición y forma
que hoy tiene, y como podrás
a menos peligro y costa
emprender la guerra. El cielo
te conceda la victoria
con esta restitución,
aunque la dilate ahora
mayor desdicha; pues creo
que está su empresa dudosa,
y con más necesidad
te está apellidando otra:
pues las armas prevenidas
para la gran Ceuta, importa
que sobre Tánger acudan;
porque amenazada llora
de igual pena, igual desdicha,
igual ruina, igual congoja.
Yo lo sé, porque en el mar
una mañana vi — a la hora
que, medio dormido el sol,
atropellando las sombras
del ocaso, desmaraña
sobre jazmines y rosas
rubios cabellos, que enjugan
con paños de oro a la aurora
lágrimas de fuego y nieve
que el sol convirtió en aljófar; —
que a largo trecho del agua
venía una gruesa tropa
de naves; si bien entonces
no pudo la vista absorta
determinarse a decir

si eran naos o si eran rocas
— porque como en los matices
sutiles pinceles logran
unos visos, unos lejos,
que en perspectiva dudosa
parecen montes tal vez,
y tal ciudades famosas,
porque la distancia siempre
monstruos imposibles forma:
así en países azules
hicieron luces y sombras,
confundiendo mar y cielo,
con las nubes y las ondas
mil engaños a la vista; —
pues ella entonces curiosa
sólo percibió los bultos
y no distinguió las formas.
Primero nos pareció,
viendo que sus puntas tocan
con el cielo, que eran nubes
de las que a la mar se arrojan
a concebir en zafir
lluvias que en cristal abortan;
y fué bien pensado, pues
esta innumerable copia
pareció que pretendía
sorberse el mar gota a gota.
Luego de marinos monstruos
nos pareció errante copia,
que a acompañar a Neptuno
salían de sus alcobas:
pues sacudiendo las velas,
que son del viento lisonja,

pensamos que sacudían
las alas sobre las olas.
Ya parecía más cerca
una inmensa Babilonia,
de quien los pensiles fueron
flámulas que el viento azotan.
Aquí ya desengañada
la vista, mejor se informa
de que era armada, pues vió
a los surcos de las proas
— cuando batidas espumas
ya se encrespan, ya se entorchan, —
rizarse montes de plata,
de cristal cuajarse rocas.
Yo, que vi tanto enemigo,
volví a su rigor la proa
(que también saber huir
es linaje de victoria),
y así, como más experto
en estos mares, la boca
tomé de una cala, adonde,
al abrigo y a la sombra
de dos montecillos, pude
resistir la poderosa
furia de tan gran poder,
que mar, cielo y tierra asombra.
Pasan sin vernos, y yo
deseoso (¿quién lo ignora?)
de saber dónde seguía
esta armada su derrota,
a la campaña del mar
salí otra vez, donde logra
el cielo mis esperanzas,

(en esta ocasión dichosas),
pues vi que de aquella armada
se había quedado sola
una nave, y que en el mar
mal defendida zozobra:
porque, según después supe,
de una tormenta que todas
corrieron había salido
deshecha, rendida y rota;
y así llena de agua estaba,
sin que bastasen las bombas
a agotarla, y titubeando
ya a aquella parte, ya a estotra,
estaba a cada vaivén
si se ahoga, o no se ahoga.
Llegué a ella y, aunque moro,
les di alivio en sus congojas:
que el tener en las desdichas
compañía, de tal forma
consuela que el enemigo
suele servir de lisonja.
El deseo de vivir
tanto a algunos les provoca,
que haciendo al intento escalas
de gúmenas y maromas,
a la prisión se vinieron;
si bien otros les baldonan,
diciéndoles que el vivir
eterno es vivir con honra,
y aun así se resistieron:
¡portuguesa vanagloria!
De los que salieron, uno
muy por extenso me informa:

dice, pues, que aquella armada
ha salido de Lisboa
para Tánger, y que viene
a sitiarla con heroica
determinación, que veas
en sus almenas famosas
las quinas que ves en Ceuta
cada vez que el sol se asoma.
Duarte de Portugal,
cuya fama vencedora
ha de volar con las plumas
de las águilas de Roma,
envía a sus dos hermanos
Enrique y Fernando, gloria
de este siglo que los mira
coronados de victorias.
Maestres de Cristo y de Avis
son: los dos pechos adornan
cruces de perfiles blancos,
una verde y otra roja.
Catorce mil portugueses
son, gran señor, los que cobran
sus sueldos, sin los que vienen
sirviéndolos a su costa.
Mil son los fuertes caballos,
que la soberbia española
los vistió para ser tigres,
los calzó para ser onzas.
Ya a Tánger habrán llegado,
y ésta, señor, es la hora
que, si su arena no pisan,
al menos sus mares cortan.
Salgamos a defenderla:

tú mismo las armas toma,
baje en tu valiente brazo
el azote de Mahoma,
y del libro de la muerte
desate la mejor hoja;
que quizá se cumple hoy
una profecía heroica
de Morabitos, que dicen
que en la margen arenosa
del África ha de tener
la portuguesa corona
sepulcro infeliz; y vean
que aquesta cuchilla corva
campañas verdes y azules
volvió, con su sangre, rojas.

REY.   Calla, no me digas más;
que de mortal furia lleno,
cada voz es un veneno
con que la muerte me das.

Mas sus bríos arrogantes
haré que en África tengan
sepulcro, aunque armados vengan
sus Maestres los Infantes.

Tú, Muley, con los jinetes
de la costa parte luego,
mientras yo en tu amparo llego;
que si, como me prometes,
    en escaramuzas diestras
le ocupas, porque tan presto
no tomen tierra, y en esto
la sangre heredada muestras,
    yo tan veloz llegaré
como tú, con lo restante

Vase.

del ejército arrogante
que en ese campo se ve;
  y así la sangre concluya
tantos duelos en un día,
porque Ceuta ha de ser mía,
y Tánger no ha de ser suya.

MUL.   Aunque de paso, no quiero
dejar, Fénix, de decir,
ya que tengo de morir,
la enfermedad de que muero;
  que aunque pierdan mis recelos
el respeto a tu opinión,
si celos mis penas son
ninguno es cortés con celos.
  ¿Qué retrato, ¡ay enemiga!,
en tu blanca mano vi?
¿Quién es el dichoso, di?
¿Quién?...Mas espera, no diga
  tu lengua tales agravios:
basta, sin saber quién sea,
que yo en tu mano le vea,
sin que le escuche en tus labios.

FÉN.   Muley, aunque mi deseo
licencia de amar te dió,
de ofender e injuriar, no.

MUL.   Es verdad, Fénix, ya veo
  que no es estilo ni modo
de hablarte; pero los cielos
saben que en habiendo celos
se pierde el respeto a todo.
  Con grande recato y miedo
te serví, quise y amé;
mas si con amor callé,

con celos, Fénix, no puedo,
  no puedo.

FÉN.   No ha merecido
tu culpa satisfacción;
pero yo por mi opinión
satisfacerte he querido,
  que un agravio entre los dos
disculpa tiene; y así,
te la doy.

MUL.   ¿Pues hayla?

FÉN.   Sí.

MUL.   ¡Buenas nuevas te dé Dios!

FÉN.   Este retrato ha enviado...

MUL.   ¿Quién?

FÉN.   Tarudante el infante.

MUL.   ¿Para qué?

FÉN.   Porque ignorante
mi padre de mi cuidado...

MUL.   Bien.

FÉN.   Pretende que estos dos
reinos...

MUL.   No me digas más.
¿Esa disculpa me das?
¡Malas nuevas te dé Dios!

FÉN.   Pues ¿qué culpa habré tenido
de que mi padre lo trate?

MUL.   De haber hoy, aunque te mate,
el retrato recibido.

FÉN.   ¿Pude excusarlo?

MUL.   ¿Pues no?

FÉN.   ¿Cómo?

MUL.   Otra cosa fingir.

FÉN.   Pues ¿qué pude hacer?

MUL.   Morir;
que por ti lo hiciera yo.

FÉN.   Fué fuerza.

MUL.   Más fué mudanza.

FÉN.   Fué violencia.

MUL.   No hay violencia.

FÉN.   Pues ¿qué pudo ser?

MUL.   Mi ausencia,
sepulcro de mi esperanza.
Y para no asegurarme
de que te puedes mudar,
ya yo me vuelvo a ausentar:
vuelve, Fénix, a matarme.

FÉN.   Forzosa es la ausencia, parte...

MUL.   Ya lo está el alma primero.

FÉN.   A Tánger, que en Fez te espero,
donde acabes de quejarte.

MUL.   Sí haré, si mi mal dilato.

FÉN.   Adiós, que es fuerza el partir.

MUL.   Oye: ¿al fin me dejas ir
sin entregarme el retrato?

FÉN.   Por el Rey no le he deshecho.

MUL.   Suelta, que no será en vano
que saque yo de tu mano
a quien me saca del pecho.   *Vanse.*

---

*Tocan un clarín, hay ruido de desembarcar, y van saliendo
el Infante Don Fernando, Don Enrique, y Don
Juan Coutiño.*

D. FER.   Yo he de ser el primero, África bella,
que he de pisar tu margen arenosa,
porque oprimida al peso de mi huella

	sientas en tu cerviz la poderosa
	fuerza que ha de rendirte.
D. Enr.	Yo en el suelo
	africano la planta generosa
	el segundo pondré. ¡Válgame el cielo!, *Cae.*
	hasta aquí los agüeros me han seguido.
D. Fer.	Pierde, Enrique, a esas cosas el recelo,
	porque el caer ahora antes ha sido
	que ya, como a señor, la misma tierra
	los brazos en albricias te ha pedido.
D. Enr.	Desierta esta campaña y esta sierra
	los alarbes, al vernos, han dejado.
D. Juan.	Tánger las puertas de sus muros cierra.
D. Fer.	Todos se han retirado a su sagrado.
	Don Juan Coutiño, conde de Miralva,
	reconoced la tierra con cuidado:
	antes que el sol, reconociendo el alba,
	con más furia nos hiera y nos ofenda,
	haced a la ciudad la primer salva.
	Decid que defenderse no pretenda,
	porque la he de ganar a sangre y fuego,
	que el campo inunde, el edificio encienda.
D. Juan.	Tú verás que a sus mismas puertas llego,
	aunque volcán de llamas y de rayos
	le deje al sol con pardas nubes ciego. *Vase.*

Sale el gracioso Brito, de soldado.

Brit.	¡Gracias a Dios que abriles piso y mayos,
	y en la tierra me voy por donde quiero,
	sin sustos, sin vaivenes ni desmayos!
	Y no en el mar, adonde, si primero
	no se consulta un monstruo de madera —
	que es juez de palo, en fin, — el más ligero

no se puede escapar de una carrera
en el mayor peligro. ¡Ah, tierra mía!,
no muera en agua yo, como no muera
tampoco en tierra hasta el postrero día.

[D. FER.   ¿Qué dices, Brito?]

BRIT.   Una oración se fragua
fúnebre, que es sermón de Berbería:
panegírico es que digo al agua,
y en emponomio horténsico me quejo;
porque este enojo, desde que se fragua
con ella el vino, me quedó, y ya es viejo.

D. ENR.   ¡Que escuches este loco!

D. FER.   Y que tu pena,
sin razón, sin arbitrio y sin [consejo],
¡tanto de ti te priva y te divierte!

D. ENR.   El alma traigo de temores llena:
echada juzgo contra mí la suerte,
desde que de Lisboa al salir, sólo
imágenes he visto de la muerte.
Apenas, pues, al berberisco polo
prevenimos los dos esta jornada,
cuando de un parasismo el mismo Apolo,
amortajado en nubes, la dorada
faz escondió, y el mar sañudo y fiero
deshizo con tormentas nuestra armada.
Si miro al mar, mil sombras considero;
si al cielo miro, sangre me parece
su velo azul; si al aire lisonjero,
aves nocturnas son las que me ofrece;
si a la tierra, sepulcros representa,
donde mísero yo caiga y tropiece.

D. FER.   Pues descifrarte aquí mi amor intenta
causa de un melancólico accidente.

Sorbernos una nave una tormenta,
es decirnos que sobra aquella gente
para ganar la empresa a que venimos;
verter púrpura el cielo transparente
es gala, no es horror; que si fingimos
monstruos al agua y pájaros al viento,
nosotros hasta aquí no los trajimos:
pues si ellos aquí están, ¿no es argumento
que a la tierra que habitan inhumanos
pronostican el fin fiero y sangriento?
Estos agüeros viles, miedos vanos,
para los moros vienen que los crean,
no para que los duden los cristianos.
Nosotros dos lo somos; no se emplean
nuestras armas aquí por vanagloria
de que en los libros inmortales lean
ojos humanos esta gran victoria.
La fe de Dios a engrandecer venimos:
suyo será el honor, suya la gloria,
si vivimos dichosos. Si morimos,
el castigo de Dios justo es temerle:
éste no viene envuelto en miedos vanos;
a servirle venimos, no a ofenderle:
cristianos sois, haced como cristianos. —
　　Pero, ¿qué es esto?

Sale Don Juan.

D. JUAN.　　　　　　　　Señor,
yendo al muro a obedecerte,
a la falda de ese monte
vi una tropa de jinetes
que de la parte de Fez
corriendo a esta parte vienen,

tan veloces que a la vista
aves, no brutos, parecen.
El viento no los sustenta,
la tierra apenas los siente;
y así la tierra ni el aire
sabe si corren o vuelen.

D. FER.   Salgamos a recibirlos,
haciendo primero frente
los arcabuceros: luego
los que caballos tuvieren
salgan también a su usanza,
con lanzas y con arneses.
Ea, Enrique, buen principio
esta ocasión nos ofrece.
¡Ánimo!

D. ENR.   Tu hermano soy:
no me espantan accidentes
del tiempo, ni me espantara
el semblante de la muerte.   *Vanse.*

BRIT.   El cuartel de la salud
me toca a mí guardar siempre.
¡Oh qué brava escaramuza!
Ya se embisten, ya acometen.
¡Famoso juego de cañas!
Ponerme en cobro conviene.

*Vase, y tocan al arma, salen peleando de dos en dos
Don Juan y Don Enrique.*

D. ENR.   A ellos, que ya los moros
vencidos la espalda vuelven.

D. JUAN.   Llenos de despojos quedan
de caballos y de gentes
estos campos.

D. Enr.   ¿Don Fernando
          dónde está, que no parece?
D. Juan. Tanto se ha empeñado en ellos
          que ya de vista se pierde.
D. Enr.   Pues a buscarle, Coutiño.
D. Juan. Siempre a tu lado me tienes.

*Vanse, y salen Don Fernando, con la espada
de Muley, y Muley, con adarga.*

D. Fer.   En la desierta campaña
          que tumba común parece
          de cuerpos muertos, si ya
          no es teatro de la muerte,
          sólo tú, moro, has quedado,
          porque rendida tu gente
          se retiró, y tu caballo,
          que mares de sangre vierte,
          envuelto en polvo y espuma
          que él mismo levanta y pierde,
          te dejó, para despojo
          de mi brazo altivo y fuerte,
          *entre los sueltos caballos
          de los vencidos jinetes.*
          Yo ufano con tal victoria,
          que me ilustra y desvanece
          más que el ver esta campaña
          coronada de claveles
          — pues es tanta la vertida
          sangre con que se guarnece,
          que la piedad de los ojos
          fué tan grande, tan vehemente,
          de no ver siempre desdichas,
          de no mirar ruinas siempre,

que por el campo buscaban
entre lo rojo lo verde: —
en efecto, mi valor,
sujetando tus valientes
bríos, de tantos perdidos
un suelto caballo prende,
tan monstruo, que siendo hijo
del viento, adopción pretende
del fuego, y entre los dos
lo desdice y lo desmiente
el color, pues siendo blanco
dice el agua: "Parto es éste
de mi esfera: sola yo
pude cuajarle de nieve."
En fin, en lo veloz, viento;
rayo, en fin, en lo eminente:
era por lo blanco cisne,
por lo sangriento era sierpe,
por lo hermoso era soberbio,
por lo atrevido, valiente,
por los relinchos, lozano,
y por las cernejas, fuerte.
En la silla y en las ancas
puestos los dos juntamente,
mares de sangre rompimos,
por cuyas ondas crueles
este bajel animado,
hecho proa de la frente,
rompiendo el globo de nácar
desde el codón al copete,
pareció entre espuma y sangre
(ya que bajel quise hacerle)
de cuatro espuelas herido,

que cuatro vientos le mueven.
Rindióse al fin, si hubo peso
que tanto Atlante rindiese,
si bien el de las desdichas
hasta los brutos lo sienten;
o ya fué que, enternecido,
allá en su instinto dijese:
"*Triste camina el alarbe*
y el español parte alegre:
¿luego yo contra mi patria
soy traidor y soy aleve?
No quiero pasar de aquí."
Y puesto que triste vienes
—tanto, que aunque el corazón
disimula cuanto puede,
por la boca y por los ojos
(volcanes que el pecho enciende)
ardientes suspiros lanza
y tiernas lágrimas vierte; —
admirado mi valor
de ver, cada vez que vuelve,
que a un golpe de la fortuna
tanto se postre y sujete
tu valor, pienso que es otra
la causa que te entristece:
porque por la libertad
no era justo ni decente
que tan tiernamente llore
quien tan duramente hiere.
Y así, si el comunicar
los males alivio ofrece
al sentimiento, entre tanto
que llegamos a mi gente,

mi deseo a tu cuidado,
si tanto favor merece,
con razones le pregunta,
comedidas y corteses,
qué sientes, pues ya yo creo
que el venir preso no sientes.
Comunicado el dolor
se aplaca, si no se vence;
y yo, que soy el que tuve
más parte en este accidente
de la fortuna, también
quiero ser el que consuele
de tus suspiros la causa,
si la causa lo consiente.

MUL.   *Valiente eres, español,*
y cortés como valiente;
también vences con la lengua
como con la espada vences.
Tuya fué la vida, cuando
con la espada entre mi gente
me venciste; pero ahora
que con la lengua me prendes
es tuya el alma, porque
alma y vida se confiesen
tuyas: de ambas eres dueño,
pues ya cruel, ya clemente,
por el trato y por las armas
me has cautivado dos veces.
Movido de la piedad
de oírme, español, y verme,
preguntado me has la causa
de mis suspiros ardientes;
y aunque confieso que el mal

repetido y dicho suele
templarse, también confieso
que quien le repite quiere
aliviarse; y es mi mal
tan dueño de mis placeres
que por no hacerles disgusto,
y que aliviado me deje,
no quisiera repetirle:
mas ya es fuerza obedecerte,
y quiérotela decir
por quien soy y por quien eres.
Sobrino del Rey de Fez
soy; mi nombre es Muley Jeque,
familia que ilustran tantos
bajaes y belerbeyes.
Tan hijo fuí de desdichas
desde mi primer oriente,
que en el umbral de la vida
nací en manos de la muerte.
Una desierta campaña,
que fué sepulcro eminente
de españoles, fué mi cuna:
pues, para que lo confieses,
en los Gelves nací el año
que os perdisteis en los Gelves.
A servir al rey mi tío
vine infante...Pero empiecen
las penas y las desdichas:
cesen las venturas, cesen.
Vine a Fez, y una hermosura
a quien he adorado siempre
junto a mi casa vivía,
porque más cerca muriese.

Desde mis primeros años,
porque más constante fuese
este amor, más imposible
de acabarse y de romperse,
ambos nos criamos juntos,
y amor en nuestras niñeces
no fué rayo, pues hirió
en lo humilde, tierno y débil
con más fuerza que pudiera
en lo augusto, altivo y fuerte;
tanto, que para mostrar
sus fuerzas y sus poderes,
hirió nuestros corazones
con arpones diferentes.
Pero como la porfía
del agua en las piedras suele
hacer señal, por la fuerza
no, sino cayendo siempre,
así las lágrimas mías,
porfiando eternamente,
la piedra del corazón,
más que los diamantes fuerte,
labraron; y no con fuerza
de méritos excelentes,
pero con mi mucho amor
vino al fin a enternecerse.
En este estado viví
algún tiempo, aunque fué breve,
gozando en auras süaves
mil amorosos deleites.
Ausentéme, por mi mal:
harto he dicho en ausentéme,
pues en mi ausencia otro amante

ha venido a darme muerte.
Él dichoso, yo infelice,
él asistiendo, yo ausente,
yo cautivo y libre él,
me contrastará mi suerte
cuando tú me cautivaste:
mira si es bien me lamente.

D. FER.   Valiente moro y galán,
si adoras como refieres,
si idolatras como dices,
si amas como encareces,
si celas como suspiras,
si como recelas temes,
y si como sientes amas,
dichosamente padeces.
No quiero por tu rescate
más precio de que le aceptes.
Vuélvete, y dile a tu dama
que por su esclavo te ofrece
un portugués caballero;
y si obligada pretende
pagarme el precio por ti,
yo te doy lo que me debe:
cobra la deuda en amor,
y logra tus intereses.
Ya el caballo, que rendido
cayó en el suelo, parece
con el ocio y el descanso
que restituído vuelve;
y porque sé qué es amor,
y qué es tardanza en ausentes,
no te quiero detener:
sube en tu caballo y vete.

MUL.   Nada mi voz te responde;
        que a quien liberal ofrece,
        sólo aceptar es lisonja.
        Dime, portugués, quién eres.
D. FER. Un hombre noble, y no más.
MUL.   Bien lo muestras. Seas quien fueres,
        para el bien y para el mal
        soy tu esclavo eternamente.
D. FER. Toma el caballo, que es tarde.
MUL.   Pues si a ti te lo parece,
            ¿qué hará a quien vino cautivo
        y libre a su dama vuelve?   *Vase*.
D. FER. Generosa acción es dar,
        y más la vida.
MUL. (*Dentro*.)   ¡Valiente
        portugués!
D. FER.   Desde el caballo
        habla. — ¿Qué es lo que me quieres?
MUL. (*Dentro*.) Espero que he de pagarte
        algún día tantos bienes.
D. FER. Gózalos tú.
MUL. (*Dentro*.)   Porque al fin,
        hacer bien nunca se pierde.
        Alá te guarde, español.
D. FER. Si Alá es Dios, con bien te lleve.

        Suena dentro ruido de trompetas y cajas.

            Mas ¿qué trompeta es ésta
        que el aire turba y la región molesta?
        Y por estotra parte
        cajas se escuchan: música de Marte
        son las dos.

Sale Don Enrique.

D. ENR.   ¡Oh, Fernando!
    Tu persona, veloz vengo buscando.
D. FER.   Enrique, ¿qué hay de nuevo?
D. ENR.   Aquellos ecos,
    ejércitos de Fez y de Marruecos
    son; porque Tarudante
    al Rey de Fez socorre, y arrogante
    el Rey con gente viene:
    en medio cada ejército nos tiene,
    de modo que cercados,
    somos los sitiadores y sitiados.
    Si la espalda volvemos
    al uno, mal del otro nos podemos
    defender: pues por una y otra parte
    nos deslumbran relámpagos de Marte.
    ¿Qué haremos, pues, de confusiones llenos?
D. FER.   ¿Qué? Morir como buenos,
    con ánimos constantes.
    ¿No somos dos Maestres, dos Infantes,
    cuando bastara ser dos portugueses
    particulares para no haber visto
    la cara al miedo? Pues *Avis y Cristo*
    a voces repitamos,
    y por la fe muramos,
    pues a morir venimos.

Sale Don Juan.

D. JUAN. Mala salida a tierra dispusimos.
D. FER.   Ya no es tiempo de medios:
    a los brazos apelen los remedios,

pues uno y otro ejército nos cierra
en medio. ¡Avis y Cristo!

D. JUAN.   ¡Guerra, guerra!

Éntranse sacando las espadas, dase la batalla,
y sale Brito.

BRIT.   Ya nos cogen en medio
un ejército y otro, sin remedio.
¡Qué bellaca palabra!
La llave eterna de los cielos abra
un resquicio siquiera,
que de aqueste peligro salga afuera
quien aquí se ha venido
sin qué ni para qué. Pero fingido
muerto estaré un instante,
y muerto lo tendré para adelante.

Cáese en el suelo, y sale un moro acuchillando
a Don Enrique.

MORO.   ¿Quién tanto se defiende,
siendo mi brazo rayo que desciende
desde la cuarta esfera?

D. ENR.   Pues aunque yo tropiece, caiga y muera
en cuerpos de cristianos,
no desmaya la fuerza de las manos,
que ella de quien yo soy mejor avisa.

BRIT.   ¡Cuerpo de Dios con él, y qué bien pisa!

Písanle, y éntranse, y salen Muley y Don Juan
Coutiño riñendo.

MUL.   Ver, portugués valiente,
en ti fuerza tan grande, no lo siente
mi valor: pues quisiera
daros hoy la victoria.

D. JUAN.   ¡Pena fiera!
          Sin tiento y sin aviso,
          son cuerpos de cristianos cuantos piso.
BRIT.   Yo se lo perdonara,
          a trueco, mi señor, que no pisara.

*Vanse los dos, y salen por la otra puerta Don Enrique y
    Don Juan, retirándose de los moros, y luego el
              Rey y Don Fernando.*

REY.   Rinde la espada, altivo
          portugués; que si logro el verte vivo
          en mi poder, prometo
          ser tu amigo. ¿Quién eres?
D. FER.   Un caballero soy; saber no esperes
          más de mí. Dame muerte.

          Sale Don Juan, y pónese a su lado.

D. JUAN. Primero, gran señor, mi pecho fuerte,
          que es muro de diamante,
          tu vida guardará puesto delante.
          ¡Ea, Fernando mío,
          muéstrese ahora el heredado brío!
REY.   Si esto escucho, ¿qué espero?
          Suspéndanse las armas, que no quiero
          hoy más felice gloria;
          que este preso me basta por victoria.
          Si tu prisión o muerte
          con tal sentencia decretó la suerte,
          da la espada, Fernando,
          al Rey de Fez.

                Sale Muley.

MUL.   ¿Qué es lo que estoy mirando?

D. FER.   Sólo a un rey la rindiera;
            que desesperación negarla fuera.

                    Sale Don Enrique.

D. ENR.   ¡Preso mi hermano!
D. FER.   Enrique,
            tu voz más sentimiento no publique;
            que en la suerte importuna
            éstos son los sucesos de fortuna.
REY.   Enrique, Don Fernando
            está hoy en mi poder; y aunque, mostrando
            la ventaja que tengo,
            pudiera daros muerte, yo no vengo
            hoy más que a defenderme;
            que vuestra sangre no viniera a hacerme
            honras tan conocidas
            como podrán hacerme vuestras vidas.
            Y para que el rescate
            con más puntualidad al Rey se trate,
            vuelve tú, que Fernando
            en mi poder se quedará, aguardando
            que vengas a librarle.
            Pero dile a Duarte que en llevarle
            será su intento vano,
            si a Ceuta no me entrega por su mano.
            Y ahora vuestra Alteza,
            a quien debo esta honra, esta grandeza,
            a Fez venga conmigo.
D. FER.   Iré a la esfera cuyos rayos sigo.
MUL.   (Porque yo tenga, ¡cielos!,   *Aparte.*
            más que sentir entre amistad y celos.)
D. FER.   Enrique, preso quedo.
            Ni al mal ni a la fortuna tengo miedo.

Dirásle a nuestro hermano
que haga aquí como príncipe cristiano
en la desdicha mía.

D. Enr.   Pues ¿quién de sus grandezas desconfía?

D. Fer.   Esto te encargo y digo:
que haga como cristiano.

D. Enr.   Yo me obligo
a volver como tal.

D. Fer.   Dame esos brazos.

D. Enr.   Tú eres el preso, y pónesme a mí lazos.

D. Fer.   Don Juan, adiós.

D. Juan.   Yo he de quedar contigo:
de mí no te despidas.

D. Fer.   ¡Leal amigo!

D. Enr.   ¡Oh infelice jornada!

D. Fer.   Dirásle al Rey...Mas no le digas nada,
si con grande silencio el miedo vano
estas lágrimas lleva al Rey mi hermano.

Vanse, y salen dos moros, y ven a Brito como muerto.

Moro 1.   Cristiano muerto es éste.

Moro 2.   Porque no causen peste,
echad al mar los muertos.

Brit.   En dejándoos los cascos bien abiertos
a tajos y a reveses;   *Acuchíllalos.*
que ainda mortos somos portugueses.

———————

SEGUNDA JORNADA

Sale Fénix.

FÉN.   ¡Zara! ¡Rosa! ¡Estrella! ¿No
hay quien me responda?

Sale Muley.

MUL.   Sí,
que tú eres Sol para mí
y para ti sombra yo,
y la sombra al Sol siguió.
El eco dulce escuché
de tu voz, y apresuré
por esta montaña el paso.
¿Qué sientes?

FÉN.   Oye, si acaso
puedo decir lo que fué.
    Lisonjera, libre, ingrata,
dulce y süave una fuente
hizo apacible corriente
de cristal y undosa plata:
lisonjera se desata,
porque hablaba y no sentía;
süave, porque fingía;
libre, porque claro hablaba;
dulce, porque murmuraba;
e ingrata, porque corría.
    Aquí cansada llegué
después de seguir ligera
en ese monte una fiera,
en cuya frescura hallé
ocio y descanso; porque

de un montecillo a la espalda,
de quien corona y guirnalda
fueron clavel y jazmín,
sobre un catre de carmín
hice un foso de esmeralda.
 Apenas en él rendí
el alma al susurro blando
de las soledades, cuando
ruido en las hojas sentí.
Atenta me puse, y vi
una caduca africana,
espíritu en forma humana,
ceño arrugado y esquivo,
que era un esqueleto vivo
de lo que fué sombra vana,
 cuya rústica fiereza,
cuyo aspecto esquivo y bronco
fué escultura hecha de un tronco
sin pulirse la corteza.
Con melancolía y tristeza,
pasiones siempre infelices,
(para que te atemorices)
una mano me tomó,
y entonces ser tronco yo
afirmé por las raíces.
 Hielo introdujo en mis venas
el contacto, horror las voces,
que discurriendo veloces,
de mortal veneno llenas,
articuladas apenas,
esto les pude entender:
"¡Ay infelice mujer!
¡Ay forzosa desventura!

¡Que en efecto esta hermosura
precio de un muerto ha de ser!"
   Dijo; y yo tan triste vivo
que diré mejor que muero:
pues por instantes espero
de aquel tronco fugitivo
cumplimiento tan esquivo,
de aquel oráculo yerto
el presagio y fin tan cierto
que mi vida ha de tener.
¡Ay de mí! ¡que yo he de ser
precio vil de un hombre muerto!   *Vase.*

Mul.   Fácil es de descifrar
ese sueño, esa ilusión,
pues las imágenes son
de mi pena singular.
A Tarudante has de dar
la mano de esposa; pero
yo, que en pensarlo me muero,
estorbaré mi rigor;
que él no ha de gozar tu amor
si no me mata primero.
   Perderte yo, podrá ser;
mas no perderte y vivir:
luego si es fuerza el morir
antes que lo llegue a ver,
precio mi vida ha de ser
con que ha de comprarte, ¡ay cielos!,
y tu en tantos desconsuelos
precio de un muerto serás,
pues que morir me verás
de amor, de envidia y de celos.

Salen tres Cautivos y el Infante Don Fernando.

CAUT. 1.   Desde aquel jardín te vimos,
donde estamos trabajando,
andar a caza, Fernando,
y todos juntos venimos
a arrojarnos a tus pies.

CAUT. 2.   Solamente este consuelo
aquí nos ofrece el cielo.

CAUT. 3.   Piedad como suya es.

D. FER.   Amigos, dadme los brazos;
y sabe Dios si con ellos
quisiera de vuestros cuellos
romper los nudos y lazos
que os aprisionan; que a fe
que os darían libertad
antes que a mí; mas pensad
que favor del cielo fué
esta piadosa sentencia:
él mejorará la suerte,
que a la desdicha más fuerte
sabe vencer la prudencia.
Sufrid con ella el rigor
del tiempo y de la fortuna:
deidad bárbara, importuna,
hoy cadáver y ayer flor,
no permanece jamás,
y así os mudará de estado.
¡Ay Dios!, que al necesitado
darle consejo no más
no es prudencia; y en verdad,
que aunque quiera regalaros

no tengo esta vez qué daros:
mis amigos, perdonad.
   Ya de Portugal espero
socorro, presto vendrá:
vuestra mi hacienda será;
para vosotros la quiero.
   Si me vienen a sacar
del cautiverio, ya digo
que todos iréis conmigo.
Id con Dios a trabajar,
   no disgustéis vuestros dueños.

CAUT. 1.   Señor, tu vista y salud
hace nuestra esclavitud
dichosa.

CAUT. 2.   Siglos pequeños
son los del fénix, señor,
para que vivas.   *Vanse*

D. FER.   El alma
queda en lastimosa calma,
viendo que os vais sin favor
   de mis manos. ¡Quién pudiera
socorrerlos! ¡Qué dolor!

MUL.   Aquí estoy viendo el amor
con que la desdicha fiera
   de esos cautivos tratáis.

D. FER.   Duélome de su fortuna,
y en la desdicha importuna,
que a esos esclavos miráis,
   aprendo a ser infelice;
y algún día podrá ser
que los haya menester.

MUL.   ¿Eso vuestra Alteza dice?

D. Fer.   Naciendo Infante, he llegado
            a ser cautivo: y así
            temo venir desde aquí
            a más miserable estado;
                que si ya en aqueste vivo,
            mucha más distancia trae
            de Infante a cautivo que hay
            de cautivo a más cautivo.
                Un día llama a otro día,
            y así llama y encadena
            llanto a llanto y pena a pena.

Mul.   ¡No fuera mayor la mía!
                Que vuestra Alteza mañana,
            aunque hoy cautivo está,
            a su patria volverá;
            pero mi esperanza es vana,
                pues no puede alguna vez
            mejorarse mi fortuna,
            mudable más que la luna.

D. Fer.   Cortesano soy de Fez,
                y nunca de los amores
            que me contaste te oí
            novedad.

Mul.   Fueron en mí
            recatados los favores.
                El dueño juré encubrir;
            pero a la amistad atento,
            sin quebrar el juramento,
            te lo tengo de decir.
                Tan solo mi mal ha sido
            como solo mi dolor:
            porque el fénix y mi amor
            sin semejante han nacido.

En ver, oír y callar
fénix es mi pensamiento;
fénix es mi sufrimiento
en temer, sentir y amar;
fénix mi desconfianza
en llorar y padecer;
en merecerla y temer
aun es fénix mi esperanza,
fénix mi amor y cuidado;
y pues que fénix te digo,
como amante y como amigo
ya lo he dicho y lo he callado.   *Vase.*

D. FER.   Cuerdamente declaró
el dueño amante y cortés:
si fénix su pena es,
no he de competirla yo,
que la mía es común pena.
No me doy por entendido;
que muchos la han padecido
y vive de enojos llena.

Sale el Rey.

REY.   Por la falda de este monte
vengo siguiendo a tu Alteza,
porque, antes que el sol se oculte
entre corales y perlas,
te diviertas en la lucha
de un tigre, que ahora cercan
mis cazadores.

D. FER.   Senor,
gustos por puntos inventas
para agradarme: si así
a tus esclavos festejas,

no echarán menos la patria.

REY. Cautivos de tales prendas
que honran al dueño, es razón
servirlos de esta manera.

Sale Don Juan.

D. JUAN. Sal, gran señor, a la orilla
del mar, y verás en ella
el más hermoso animal
que añadió naturaleza
al artificio; porque
una cristiana galera
llega al puerto, tan hermosa,
aunque toda oscura y negra,
que al verla se duda cómo
es alegre su tristeza.
Las armas de Portugal
vienen por remate de ella;
que como tienen cautivo
a su Infante, tristes senas
visten por su esclavitud,
y a darle libertad llegan,
diciendo su sentimiento.

D. FER. Don Juan amigo, no es esa
de su luto la razón:
que si a librarme vinieran,
en fe de mi libertad
fueran alegres las muestras.

Sale Don Enrique, de luto, con un pliego.

D. ENR. Dadme, gran señor, los brazos.

REY. Con bien venga vuestra Alteza.

D. FER. ¡Ay Don Juan, cierta es mi muerte!

Rey.   ¡Ay Muley, mi dicha es cierta!

D. Enr. Ya que de vuestra salud
me informa vuestra presencia,
para abrazar a mi hermano
me dad, gran señor, licencia.
¡Ay Fernando!

D. Fer.   Enrique mío,
¿qué traje es ése? Mas cesa:
harto me han dicho tus ojos,
nada me diga tu lengua.
No llores, que si es decirme
que es mi esclavitud eterna,
eso es lo que más deseo:
albricias pedir pudieras,
y en vez de dolor y luto
vestir galas y hacer fiestas.
¿Como está el Rey mi señor?
Porque como él salud tenga,
nada siento. ¿Aun no respondes?

D. Enr. Si repetidas las penas
se sienten dos veces, quiero
que sola una vez las sientas.
Tú escúchame, gran señor;
que aunque una montaña sea
rústico palacio, aquí
te pido me des audiencia,
a un preso la libertad,
y atención justa a estas nuevas.
Rota y deshecha la armada,
que fué con vana soberbia
pesadumbre de las ondas,
dejando en África presa
la persona del Infante,

a Lisboa dí la vuelta.
Desde el punto que Duarte
oyó tan trágicas nuevas,
de una tristeza cubrió
el corazón, de manera
que pasando a ser letargo
la melancolía primera,
desmintió muriendo a cuantos
dicen que no matan penas.
Murió el Rey, que esté en el cielo.

D. FER.   ¡Ay de mí! ¿Tanto le cuesta
mi prisión?

REY.   De esa desdicha
sabe Alá lo que me pesa.
Prosigue.

D. ENR.   En su testamento
el Rey mi señor ordena
que luego por la persona
del Infante se dé a Ceuta.
Y así yo con los poderes
de Alfonso, que es quien le hereda,
porque sólo este lucero
supliera del Sol la ausencia,
vengo a entregar la ciudad;
y así...

D. FER.   No prosigas, cesa,
cesa, Enrique; porque son
palabras indignas éstas,
no de un portugués Infante,
de un Maestre que profesa
de Cristo la religión,
pero aun de un hombre lo fueran
vil, de un bárbaro sin luz

de la fe de Cristo eterna.
Mi hermano, que está en el cielo,
si en su testamento deja
esa cláusula, no es
para que se cumpla y lea,
sino para mostrar sólo
que mi libertad desea,
y ésa se busque por otros
medios y otras conveniencias,
o apacibles o crueles.
Porque decir: Dése a Ceuta,
es decir: Hasta eso haced
prodigiosas diligencias.
Que a un Rey católico y justo,
¿cómo fuera, cómo fuera
posible entregar a un moro
una ciudad que le cuesta
su sangre, pues fué el primero
que con sola una rodela
y una espada enarboló
las quinas en sus almenas?
Y esto es lo que importa menos.
Una ciudad que confiesa
católicamente a Dios,
la que ha merecido iglesias
consagradas a sus cultos
con amor y reverencia,
¿fuera católica acción,
fuera religión expresa,
fuera cristiana piedad,
fuera hazaña portuguesa
que los templos soberanos,
Atlantes de las esferas,

en vez de doradas luces
adonde el sol reverbera,
vieran otomanas sombras;
y que sus lunas opuestas
en la iglesia, estos eclipses
ejecutasen tragedias?
¿Fuera bien que sus capillas
a ser establos vinieran,
sus altares a pesebres,
y cuando aqueso no fuera,
volvieran a ser mezquitas?
Aquí enmudece la lengua,
aquí me falta el aliento,
aquí me ahoga la pena:
porque en pensarlo no más
el corazón se me quiebra,
el cabello se me eriza
y todo el cuerpo me tiembla.
Porque establos y pesebres
no fuera la vez primera
que hayan hospedado a Dios;
pero en ser mezquitas, fueran
un epitafio, un padrón,
de nuestra inmortal afrenta,
diciendo: Aquí tuvo Dios
posada, y hoy se la niegan
los cristianos para darla
al demonio. Aun no se cuenta
(acá moralmente hablando)
que nadie en casa se atreva
de otro a ofenderle: ¿era justo
que entrara en su casa mesma
a ofender a Dios el vicio,

y que acompañado fuera
de nosotros, y nosotros
le guardáramos la puerta,
y para dejarle dentro
a Dios echásemos fuera?
Los católicos que habitan
con sus familias y haciendas
hoy, quizá prevaricaran
en la fe, por no perderlas.
¿Fuera bien ocasionar
nosotros la contingencia
de este pecado? Los niños
que tiernos crían en ella
los cristianos, ¿fuera bueno
que los moros indujeran
a sus costumbres y ritos
para vivir en su secta?
¿En mísero cautiverio
fuera bueno que murieran
hoy tantas vidas, por una
que no importa que se pierda?
¿Quién soy yo? ¿Soy más que un hombre?
Si es número que acrecienta
el ser Infante, ya soy
un cautivo: de nobleza
no es capaz el que es esclavo;
yo lo soy: luego ya yerra
el que Infante me llamare.
Si no lo soy, ¿quién ordena
que la vida de un esclavo
en tanto precio se venda?
Morir es perder el sér:
yo le perdí en una guerra;

perdí el sér, luego morí;
morí, luego ya no es cuerda
hazaña que por un muerto
hoy tantos vivos perezcan.
Y así estos vanos poderes,
hoy divididos en piezas,
serán átomos del sol,
serán del fuego centellas   *Rómpelos.*
Mas no, yo los comeré
porque aun no quede una letra
que informe al mundo que tuvo
la lusitana nobleza
este intento. — Rey, yo soy
tu esclavo, dispón, ordena
de mí; libertad no quiero,
ni es posible que la tenga.
Enrique, vuelve a tu patria:
di que en África me dejas
enterrado; que mi vida
yo haré que muerte parezca.
Cristianos, Fernando es muerto;
moros, un esclavo os queda;
cautivos, un compañero
hoy se añade a vuestras penas;
cielos, un hombre restaura
vuestras divinas iglesias;
mar, un mísero con llanto
vuestras ondas acrecienta;
montes, un triste os habita,
igual ya de vuestras fieras;
viento, un pobre con sus voces
os duplica las esferas;
tierra, un cadáver os labra

en las entrañas su huesa:
porque Rey, hermano, moros,
cristianos, sol, luna, estrellas,
cielo, tierra, mar y viento,
montes, fieras, todos sepan,
que hoy un Príncipe Constante
entre desdichas y penas
la fe católica ensalza,
la ley de Dios reverencia.
Pues cuando no hubiera otra
razón más que tener Ceuta
una iglesia consagrada
a la Concepción eterna
de la que es Reina y Señora
de los cielos y la tierra,
perdiera, vive ella misma,
mil vidas en su defensa.

REY. Desagradecido, ingrato
a las glorias y grandezas
de mi reino, ¿como así
hoy me quitas, hoy me niegas
lo que más he deseado?
Mas si en mi reino gobiernas
más que en el tuyo, ¿qué mucho
que la esclavitud no sientas?
Pero ya que esclavo mío
te nombras y te confiesas,
como a esclavo he de tratarte:
tu hermano y los tuyos vean
que como un esclavo vil
los pies ahora me besas.

D. ENR. ¡Qué desdicha!

MUL.   ¡Qué dolor!

D. Enr.   ¡Qué desventura!
D. Juan.   ¡Qué pena!
Rey.   Mi esclavo eres.
D. Fer.   Es verdad,
            y poco en eso te vengas;
            que si para una jornada
            salió el hombre de la tierra,
            al fin de varios caminos
            es para volver a ella.
            Más tengo que agradecerte
            que culparte, pues me enseñas
            atajos para llegar
            a la posada más cerca.
Rey.   Siendo esclavo, tú no puedes
            tener títulos ni rentas.
            Hoy Ceuta está en tu poder:
            si cautivo te confiesas,
            si me confiesas por dueño,
            ¿por qué no me das a Ceuta?
D. Fer.   Porque es de Dios y no es mía.
Rey.   ¿No es precepto de obediencia
            obedecer al señor?
            Pues yo te mando con ella
            que la entregues.
D. Fer.   En lo justo
            dice el cielo que obedezca
            el esclavo a su señor,
            porque si el señor dijera
            a su esclavo que pecara,
            obligación no tuviera
            de obedecerle: porque
            quien peca mandado, peca.
Rey.   Daréte muerte.

D. Fer.   Esa es vida.
Rey.   Pues para que no lo sea,
          vive muriendo; que yo
          rigor tengo.
D. Fer.   Y yo paciencia.
Rey.   Pues no tendrás libertad.
D. Fer.   Pues no será tuya Ceuta.
Rey.   ¡Hola!

                    Sale Celín.

Celín.   ¿Señor?
Rey.   Luego al punto
          aquese cautivo sea
          igual a todos: al cuello
          y a los pies le echad cadenas;
          a mis caballos acuda,
          y en baño y jardín, y sea
          abatido como todos;
          no vista ropas de seda,
          sino sarga humilde y pobre;
          coma negro pan, y beba
          agua salobre; en mazmorras
          húmedas y oscuras duerma;
          y a criados y a vasallos
          se extienda aquesta sentencia.
          Llevadle todos.
D. Enr.   ¡Qué llanto!
Mul.   ¡Qué desdicha!
D. Juan.   ¡Qué tristeza!
Rey.   Veré, bárbaro, veré
          si llega a más tu paciencia
          que mi rigor.

D. Fer.   Sí verás;
        porque ésta en mí será eterna.   *Llévanle*

Rey.   Enrique, por el seguro
        de mi palabra que vuelvas
        a Lisboa te permito:
        el mar africano deja.
        Di en tu patria que el Infante,
        que su Maestre de Avis, queda
        curándome los caballos;
        que a darle libertad vengan.

D. Enr.   Sí harán, que si yo le dejo
        en su infelice miseria
        (y me sufre el corazón
        el no acompañarle en ella),
        es porque pienso volver
        con más poder y más fuerza
        para darle libertad.

Rey.   Muy bien harás, como puedas.

Mul.   (Ya ha llegado la ocasión   *Aparte.*
        de que mi lealtad se vea.
        La vida debo a Fernando,
        yo le pagaré la deuda.)   *Vanse.*

---

*Salen Celín y el Infante, con cadena
y vestido de cautivo.*

Celín.   El Rey manda que asistas
        en aqueste jardín, y no resistas
        su ley a tu obediencia.   *Vase.*

D. Fer.   Mayor que su rigor es mi paciencia.

*Salen los cautivos, y uno canta mientras los
otros cavan en el jardín.*

CAUT. 1.   *A la conquista de Tánger,*
(*Canta.*) *contra el tirano de Fez,*
   al Infante Don Fernando
   envió su hermano el Rey.
D FER. ¿Que un instante mi historia
   no deje de cansar a la memoria?
   Triste estoy y turbado.
CAUT. 2. Cautivo, ¿cómo estáis tan descuidado?
   No lloréis, consoláos; que ya el Maestre
   dijo que volveremos
   presto a la patria, y libertad tendremos.
   Ninguno ha de quedar en este suelo.
D. FER. (¡Qué presto perderéis ese consuelo!)
            Aparte.
CAUT. 2. Consolad los rigores,
   y ayudadme a regar aquestas flores.
   Tomad los cubos, y agua me id trayendo
   de aquel estanque.
D. FER.   Obedecer pretendo.
   Buen cargo me habéis dado,
   pues agua me pedís: que mi cuidado,
   sembrando penas, cultivando enojos,
   llenaré en la corriente de mis ojos. *Vase.*

Sale Don Juan y otro de los cautivos.

CAUT. 3. A este baño han echado
   más cautivos.
D. JUAN.   Miremos con cuidado
   si estos jardines fueron
   donde vino, o si acaso éstos le vieron;
   porque en su compañía
   menos el llanto y el dolor sería,
   y mayor el consuelo.
   Dígasme, amigo, que te guarde el cielo,

si viste cultivando
este jardín al Maestre Don Fernando.
CAUT. 2. No, amigo, no le he visto.
D. JUAN. Mal el dolor y lágrimas resisto.
CAUT. 3. Digo que el baño abrieron,
y que nuevos cautivos a él vinieron.

Sale Don Fernando, con los cubos de agua

D. FER.   (Mortales, no os espante   *Aparte.*
ver un Maestre de Avis, ver un Infante
en tan mísera afrenta:
que el tiempo estas miserias representa.)
D. JUAN. Pues señor, ¿vuestra Alteza
en tan mísero estado? De tristeza
rompa el dolor el pecho.
D. FER.   ¡Válgate Dios, qué gran pesar me has hecho,
Don Juan, en descubrirme!
Que quisiera ocultarme y encubrirme
entre mi misma gente,
sirviendo pobre y miserablemente.
CAUT. 2. Señor, que perdonéis, humilde os ruego,
haber andado yo tan loco y ciego.
CAUT. 1. Dadnos, señor, los pies.
D. FER.   Alzad, amigo,
no hagáis tal ceremonia ya conmigo:
ved que yo humilde vivo,
y soy entre vosotros un cautivo.
D. JUAN. Vuestra Alteza...
D. FER.   ¿Qué Alteza
ha de tener quien vive en tal bajeza?
Ninguno así me trate,
sino como a su igual.
D. JUAN.   ¡Que no desate
un rayo el cielo para darme muerte!

D. Fer. Don Juan, no ha de quejarse de esa suerte
un noble. ¿Quién del cielo desconfía?
La prudencia, el valor, la bizarría
se ha de mostrar ahora.

Sale Zara, con un azafate.

Zara. Al jardín sale Fénix mi señora,
y manda que matices y colores
borden este azafate de sus flores.

D. Fer. Yo llevársele espero,
que en cuanto sea servir seré el primero.

Caut. 1. Ea, vamos a cogellas.

Zara. Aquí os aguardo mientras vais por ellas.

D. Fer. No me hagáis cortesías:
iguales vuestras penas y las mías
son; y pues nuestra suerte,
si hoy no, mañana ha de igualar la muerte,
no será acción liviana
no dejar hoy que hacer para mañana.

*Vanse todos, haciendo cortesías al Infante;
quédase Zara, y salen Fénix y Rosa.*

Fén. ¿Mandaste que me trajesen
las flores?

Zara.   Ya lo mandé.

Fén. Sus colores deseé
para que me divirtiesen.

Rosa. ¡Que tales, señora, fuesen,
creyendo tus fantasías,
tus graves melancolías!

Zara. ¿Qué te obligó a estar así?

Fén. No fué sueño lo que vi,
que fueron desdichas mías.

Cuando sueña un desdichado
que es dueño de algún tesoro,
ni dudo, Zara, ni ignoro
que entonces es bien soñado;
mas si a soñar ha llegado
en fortuna tan incierta
que desdicha le concierta:
ya aquello sus ojos ven,
pues soñando el mal y el bien,
halla el mal cuando despierta.
    Piedad no espero, ¡ay de mí!,
porque mi mal será cierto.

ZARA.   ¿Y qué dejas para el muerto
si tú lo sientes así?

FÉN.   Ya mis desdichas creí:
¡precio de un muerto! ¡Quién vió
tal pena! No hay gusto, no,
a una infelice mujer.
¿Que al fin de un muerto he de ser?
¿Quién será este muerto?

Sale Don Fernando, con las flores.

D. FER.   Yo.
FÉN.   ¡Ay cielos! ¿Qué es lo que veo?
D. FER.   ¿Qué te admira?
FÉN.   De una suerte
me admira el oírte y verte.
D. FER.   No lo jures, bien lo creo.
Yo pues, Fénix, que deseo
servirte humilde, traía
flores, de la suerte mía
geroglíficos, señora,

pues nacieron con la aurora
y murieron con el día.

FÉN.   A la maravilla dió
ese nombre al descubrilla.

D. FER. ¿Qué flor, di, no es maravilla
cuando te la sirvo yo?

FÉN.   Es verdad. Di, ¿quién causó
esta novedad?

D. FER.   Mi suerte.

FÉN.   ¿Tan rigurosa es?

D. FER.   Tan fuerte.

FÉN.   Pena das.

D. FER.   Pues no te asombre.

FÉN.   ¿Por qué?

D. FER.   Porque nace el hombre
sujeto a fortuna y muerte.

FÉN.   ¿No eres Fernando?

D. FER.   Sí soy.

FÉN.   ¿Quién te puso así?

D. FER.   La ley
de esclavo.

FÉN.   ¿Quién la hizo?

D. FER.   El Rey.

FÉN.   ¿Por qué?

D. FER.   Porque suyo soy.

FÉN.   ¿Pues no te ha estimado hoy?

D. FER. Y también me ha aborrecido.

FÉN.   ¿Un día posible ha sido
a desunir dos estrellas?

D. FER. Para presumir por ellas
las flores habrán venido.
    Éstas, que fueron pompa y alegría
despertando al albor de la mañana,

a la tarde serán lástima vana,
durmiendo en brazos de la noche fría.
   Este matiz, que al cielo desafía,
iris listado de oro, nieve y grana,
será escarmiento de la vida humana:
¡tanto se emprende en término de un día!
   A florecer las rosas madrugaron,
y para envejecerse florecieron:
cuna y sepulcro en un botón hallaron.
   Tales los hombres sus fortunas vieron:
en un día nacieron y expiraron;
que pasados los siglos, horas fueron.

FÉN.   Horror y miedo me has dado,
ni oírte ni verte quiero;
sé el desdichado primero
de quien huye un desdichado.

D. FER. ¿Y las flores?

FÉN.   Si has hallado
geroglíficos en ellas,
deshacellas y rompellas
sólo sabrán mis rigores.

D. FER. ¿Qué culpa tienen las flores?

FÉN. Parecerse a las estrellas.

D. FER.   ¿Ya no las quieres?

FÉN.   Ninguna
estimo en su rosicler.

D. FER. ¿Cómo?

FÉN.   Nace la mujer
sujeta a muerte y fortuna;
y en esa estrella importuna
tasada mi vida vi.

D. FER. ¿Flores con estrellas?

FÉN.   Sí.

D. Fer.   Aunque sus rigores lloro,
          esa propiedad ignoro.
Fén.   Escucha, sabráslo.
D. Fer.   Di.
Fén.   Esos rasgos de luz, esas centellas
          que cobran con amagos superiores
          alimentos del sol en resplandores,
          aquello viven que se duele de ellas.
              Flores nocturnas son; aunque tan bellas,
          efímeras padecen sus ardores:
          pues si un día es el siglo de las flores,
          una noche es la edad de las estrellas.
              De esa, pues, primavera fugitiva
          ya nuestro mal, ya nuestro bien se infiere:
          registro es nuestro, o muera el sol o viva.
              ¿Qué duración habrá que el hombre
                  espere,
          o qué mudanza habrá, que no reciba
          de astro que cada noche nace y muere?

                  Vase, y sale Muley.

Mul.   A que se ausentase Fénix
          en esta parte esperé;
          que el águila más amante
          huye de la luz tal vez.
          ¿Estamos solos?
D. Fer.   Sí.
Mul.   Escucha.
D. Fer.   ¿Qué quieres, noble Muley?
Mul.   Que sepas que hay en el pecho
          de un moro lealtad y fe.
          No sé por dónde empezar
          a declararme, ni sé

si diga cuánto he sentido
este inconstante desdén
del tiempo, este estrago injusto
de la suerte, este cruel
ejemplo del mundo, y este
de la fortuna vaivén.
Mas a riesgo estoy si aquí
hablar contigo me ven,
que tratarte sin respeto
es ya decreto del Rey.
Y así, a mi dolor dejando
la voz, que él podrá más bien
explicarse, como esclavo
vengo a arrojarme a esos pies.
Yo lo soy tuyo, y así
no vengo, Infante, a ofrecer
mi favor, sino a pagar
deuda que un tiempo cobré.
La vida que tú me diste
vengo a darte; que hacer bien
es tesoro que se guarda
para cuando es menester.
Y porque el temor me tiene
con grillos de miedo al pie,
y está mi pecho y mi cuello
entre el cuchillo y cordel,
quiero, acortando discursos,
declararme de una vez:
y así digo que esta noche
tendré en el mar un bajel
prevenido; en las troneras
de las mazmorras pondré
instrumentos que desarmen

las prisiones que tenéis;
luego, por parte de afuera,
los candados romperé.
Tú, con todos los cautivos
que Fez encierra, hoy en él
vuelve a tu patria, seguro
de que yo lo quedo en Fez,
pues es fácil el decir
que ellos pudieron romper
la prisión; y así los dos
habremos librado bien,
yo el honor y tú la vida,
pues es cierto que a saber
el Rey mi intento me diera
por traidor con justa ley:
que no sintiera el morir.
Y porque son menester
para granjear voluntades
dineros, aquí se ve
a estas joyas reducido
innumerable interés.
Éste es, Fernando, el rescate
de mi prisión, ésta es
la obligación que te tengo;
que un esclavo noble y fiel
tan inmenso bien había
de pagar alguna vez.

D. FER.   Agradecerte quisiera
la libertad; pero el Rey
sale al jardín.

MUL.   ¿Hate visto
conmigo?

D. FFR.   No.

MUL.   Pues no des
       que sospechar.

D. FER.   De estos ramos
       haré rústico cancel
       que me encubra mientras pasa.

       Vase, y sale el Rey.

REY.   (¿Con tal secreto Muley   *Aparte.*
       y Fernando? ¿E irse el uno
       en el punto que me ve,
       y disimular el otro?
       Algo hay aquí que temer.
       Sea cierto, o no sea cierto,
       mi temor procuraré
       asegurar.) Mucho estimo. . .

MUL.   Gran señor, dame tus pies.

REY.   Hallarte aquí.

MUL.   ¿Qué me mandas?

REY.   Mucho he sentido el no ver
       a Ceuta por mía.

MUL.   Conquista,
       coronado de laurel,
       sus muros; que a tu valor
       mal se podrá defender

REY.   Con más doméstica guerra
       se ha de rendir a mis pies.

MUL.   ¿De qué suerte?

REY.   De esta suerte:
       con abatir y poner
       a Fernando en tal estado

que él mismo a Ceuta me dé.
Sabrás pues, Muley amigo,
que yo he llegado a temer
que del Maestre la persona
no está muy segura en Fez.
Los cautivos, que en estado
tan abatido le ven,
se lastiman, y recelo
que se amotinen por él.
Fuera de esto, siempre ha sido
poderoso el interés;
que las guardas con el oro
son fáciles de romper.

MUL. (Yo quiero apoyar ahora   *Aparte.*
que todo esto puede ser,
porque de mí no se tenga
sospecha.) Tú temes bien,
fuerza es que quieran librarle.

REY. Pues sólo un remedio hallé,
porque ninguno se atreva
a atropellar mi poder.

MUL. ¿Y es, señor?

REY.   Muley, que tú
le guardes, y a cargo esté
tuyo: a ti no ha de torcerte
ni el temor ni el interés.
Alcaide eres del Infante,
procura guardarle bien;
porque en cualquiera ocasión
tú me has de dar cuenta de él.   *Vase.*

MUL. Sin duda alguna que oyó
nuestros conciertos el Rey.
¡Válgame Alá!

Sale Don Fernando.

D. FER.   ¿Qué te aflige?
MUL.   ¿Has escuchado?
D. FER.   Muy bien.
MUL.   ¿Pues para qué me preguntas
qué me aflige, si me ves
en tan ciega confusión,
y entre mi amigo y el Rey,
el amistad y el honor
hoy en batalla se ven?
Si soy contigo leal,
he de ser traidor con él;
ingrato seré contigo,
si con él me juzgo fiel.
¿Qué he de hacer (¡valedme, cielos!),
pues al mismo que llegué
a rendir la libertad
me entrega, para que esté
seguro en mi confianza?
¿Qué he de hacer si ha echado el Rey
llave maestra al secreto?
Mas para acertarlo bien
te pido que me aconsejes:
dime tú qué debo hacer.
D. FER.   Muley, amor y amistad
en grado inferior se ven
con la lealtad y el honor.
Nadie iguala con el Rey,
él sólo es igual consigo:
y así mi consejo es
que a él le sirvas y me faltes.
Tu amigo soy: y porque

esté seguro tu honor
yo me guardaré también;
y aunque otro llegue a ofrecerme
libertad, no aceptaré
la vida, porque tu honor
conmigo seguro esté.

MUL.   Fernando, no me aconsejas
tan leal como cortés.
Sé que te debo la vida,
y que pagártela es bien:
y así lo que está tratado
esta noche dispondré.
Líbrate tú, que mi vida
se quedará a padecer
tu muerte: líbrate tú,
que nada temo después.

D. FER.   ¿Y será justo que yo
sea tirano y cruel
con quien conmigo es piadoso,
y mate al honor, cruel,
que a mí me está dando vida?
No, y así te quiero hacer
juez de mi causa y mi vida:
aconséjame también.
¿Tomaré la libertad
de quien queda a padecer
por mí? ¿Dejaré que sea
uno con su honor cruel
por ser liberal conmigo?
¿Qué me aconsejas?

MUL.   No sé;
que no me atrevo a decir
sí ni no: el no, porque

me pesará que lo diga;
y el sí, porque echo de ver
si voy a decir que sí,
que no te aconsejo bien.

D. FER. Sí aconsejas, porque yo,
por mi Dios y por mi ley,
seré un Príncipe Constante
en la esclavitud de Fez.

_____

TERCERA JORNADA

Salen Muley y el Rey.

MUL. (Ya que socorrer no espero,   *Aparte.*
por tantas guardas del Rey,
a Don Fernando, hacer quiero
sus ausencias, que ésta es ley
de un amigo verdadero.)
Señor, pues yo te serví
en tierra y mar, como sabes,
si en tu gracia merecí
lugar, en penas tan graves
atento me escucha.

REY.   Di.

MUL.   Fernando...

REY.   No digas más.

MUL. ¿Posible es que no me oirás?

REY. No, que en diciendo Fernando
ya me ofendes.

MUL.   ¿Cómo o cuándo?

REY. Como ocasión no me das
de hacer lo que me pidieres,
cuando me ruegas por él.

Mul.   ¿Si soy su guarda, no quieres,
        señor, que dé cuenta de él?
Rey.   Di; pero piedad no esperes.
Mul.   Fernando, cuya importuna
        suerte sin piedad alguna
        vive, a pesar de la fama,
        tanto que el mundo le llama
        el monstruo de la fortuna,
            examinando el rigor,
        mejor dijera el poder
        de tu corona, señor:
        hoy a tan mísero sér
        le ha traído su valor
            que en un lugar arrojado,
        tan humilde y desdichado
        que es indigno de tu oído,
        enfermo, pobre y tullido
        piedad pide al que ha pasado;
            porque como le mandaste
        que en las mazmorras durmiese,
        que en los baños trabajase,
        que tus caballos curase,
        y nadie a comer le diese,
            a tal extremo llegó,
        como era su natural
        tan flaco, que se tulló;
        y así la fuerza del mal
        brío y majestad rindió.
            Pasando la noche fría
        en una mazmorra dura,
        constante en su fe porfía;
        y al salir la lumbre pura
        del sol, que es padre del día,

los cautivos (¡pena fiera!)
en una mísera estera
le ponen en tal lugar,
que es, ¿dirélo?, un muladar;
porque es su olor de manera,
  que nadie puede sufrirle
junto a su casa, y así
todos dan en despedirle,
y ha venido a estar allí
sin hablarle y sin oírle,
  ni compadecerse de él.
Sólo un criado y un fiel
caballero en pena extraña
le consuela y acompaña.
Estos dos parten con él
  su porción, tan sin provecho,
que para uno solo es poca,
pues cuando los labios toca,
se suele pasar al pecho
sin que lo sepa la boca;
  y aun a estos dos los castiga
tu gente, por la piedad
que al dueño a servir obliga;
mas no hay rigor ni crueldad,
por más que ya los persiga,
  que de él los pueda apartar.
Mientras uno va a buscar
de comer, el otro queda
con quien consolarse pueda
de su desdicha y pesar.
  Acaba ya rigor tanto:
ten del príncipe, señor,
puesto en tan fiero quebranto,

ya que no piedad, horror;
asombro, ya que no llanto.

REY.　　　　Bien está, Muley.

Sale Fénix.

FÉN.　　　　　　　Señor,
si ha merecido en tu amor
gracia alguna mi humildad,
hoy a vuestra Majestad
vengo a pedir un favor.

REY.　　　¿Qué podré negarte a ti?

FÉN.　　　Fernando el Maestre...

REY.　　　　　　　Está bien;
ya no hay que pasar de ahí.

FÉN.　　　Horror da a cuantos le ven
en tal estado; de ti
　　sólo merecer quisiera...

REY.　　　¡Detente, Fénix, espera!
¿Quién a Fernando le obliga
para que su muerte siga,
para que infelice muera?
　　Si por ser leal y fiel
a su fe sufre castigo
tan dilatado y cruel,
él es el cruel consigo,
que yo no lo soy con él.
　　¿No está en su mano el salir
de su miseria y vivir?
Pues eso en su mano está,
entregue a Ceuta, y saldrá
de padecer y sentir
　　tantas penas y rigores.

Sale Celín.

CELÍN.   Licencia aguardan que des,
  señor, dos embajadores:
  de Tarudante uno es,
  y el otro del portugués
  Alfonso.

FÉN.   (¿Hay penas mayores? *Aparte.*
  Sin duda que por mí envía
  Tarudante.)

MUL.   (Hoy perdí, cielos, *Aparte.*
  la esperanza que tenía.
  Mátenme amistad y celos,
  todo lo perdí en un día.)

REY.   Entren, pues. En este estrado
  conmigo te asienta, Fénix.

*Siéntanse, y salen Alfonso y Tarudante,
cada uno por su puerta.*

TAR.   Generoso Rey de Fez...

D. ALF.   Rey de Fez altivo y fuerte...

TAR.   cuya fama...

D. ALF.   cuya vida...

TAR.   nunca muera...

D. ALF.   viva siempre...

TAR.   y tú de aquel Sol Aurora...

D. ALF.   tú de aquel Ocaso Oriente...

TAR.   a pesar de siglos dures...

D. ALF.   a pesar de tiempos reines...

TAR.   porque tengas...

D. ALF.   porque goces...

TAR.   felicidades...

D. ALF.   laureles...

TAR.   altas dichas...

D. Alf.   triunfos grandes...

Tar.   pocos males.

D. Alf.   muchos bienes.

Tar.   ¿Cómo mientras hablo yo,
          tú, cristiano, a hablar te atreves?

D. Alf.   Porque nadie habla primero
          que yo, donde yo estuviere.

Tar.   A mí, por ser de nación
          alarbe, el lugar me deben
          primero; que los extraños,
          donde hay propios, no prefieren.

D. Alf.   Donde saben cortesía,
          sí hacen; pues vemos siempre
          que dan en cualquiera parte
          el mejor lugar al huésped.

Tar.   Cuando esa razón lo fuera,
          aun no pudiera vencerme:
          porque el primero *lugar*
          sólo se le debe al huésped.

Rey.   Ya basta; y los dos ahora
          en mis estrados se sienten.
          Hable el portugués, que en fin
          por de otra ley se le debe
          más honor.

Tar.   (Corrido estoy.)   *Aparte.*

D. Alf.   Ahora yo seré breve:
          Alfonso de Portugal,
          Rey famoso, a quien celebre
          la fama en lenguas de bronce
          a pesar de envidia y muerte,
          salud te envía, y te ruega
          que pues libertad no quiere
          Fernando, como su vida

la ciudad de Ceuta cueste,
que reduzcas su valor
hoy a cuantos intereses
el más avaro codicie,
el más liberal desprecie;
y que dará en plata y oro
tanto precio como pueden
valer dos ciudades. Esto
te pide amigablemente;
pero si no se le entregas,
que ha de librarle promete
por armas, a cuyo efecto
ya sobre la espalda leve
del mar ciudades fabrica
de mil armados bajeles;
y jura que a sangre y fuego
ha de librarle y vencerte,
dejando aquesta campaña
llena de sangre, de suerte
que cuando el sol se levante
halle los matices verdes
esmeraldas, y los pierda
rubíes cuando se acueste.

TAR.   Aunque como embajador
no me toca responderte,
en cuanto toca a mi Rey
puedo, cristiano, atreverme
(porque ya es suyo este agravio)
como hijo que obedece
al Rey, mi señor; y así
decir de su parte puedes
a Don Alfonso que venga,
porque en término más breve

que hay de la noche a la aurora,
vea en púrpura caliente
agonizar estos campos,
tanto que los cielos piensen
que se olvidaron de hacer
otras flores que claveles.

D. ALF.   Si fueras, moro, mi igual,
pudiera ser que se viese
reducida esa victoria
a dos jóvenes valientes;
mas dile a tu Rey que salga
si ganar fama pretende;
que yo haré que salga el mío.

TAR.   Casi has dicho que lo eres,
y siendo así, Tarudante
sabrá también responderte.

D. ALF.   Pues en campaña te espero.

TAR.   Yo haré que poco me esperes,
porque soy rayo.

D. ALF.   Yo viento.

TAR.   Volcán soy que llamas vierte.

D. ALF.   Hidra soy que fuego arroja.

TAR.   Yo soy furia.

D. ALF.   Yo soy muerte.

TAR.   ¿Que no te espantes de oírme?

D. ALF.   ¿Que no te mueras de verme?

REY.   Señores, vuestras Altezas
(ya que los enojos pueden
correr al sol las cortinas
que le embozan y oscurecen),
adviertan que en tierra mía
campo aplazarse no puede
sin mí; y así yo le niego,

para que tiempo me quede
de serviros.

D. ALF.   No recibo
yo hospedajes y mercedes
de quien recibo pesares.
Por Fernando vengo; el verle
me obligó a llegar a Fez
disfrazado de esta suerte.
Antes de entrar en tu corte
supe que a esta quinta alegre
asistías, y así vine
a hablarte, porque fin diese
la esperanza que me trajo:
y pues tan mal me sucede,
advierte, señor, que sólo
la respuesta me detiene.

REY.   La respuesta, Rey Alfonso,
será compendiosa y breve:
que si no me das a Ceuta,
no hayas miedo que le lleves.

D. ALF.   Pues ya he venido por él,
y he de llevarle: prevente
para la guerra que aplazo.
Embajador, o quien eres,
veámonos en campaña.
¡Hoy toda el África tiemble!   *Vase.*

TAR.   Ya que no pude lograr
la fineza, hermosa Fénix,
de serviros como esclavo,
logre al menos la de verme
a vuestros pies. Dad la mano
a quien un alma os ofrece.

FÉN.   Vuestra Alteza, gran señor,

finezas y honras no aumente
a quien le estima, pues sabe
lo que a sí mismo se debe.

MUL.   (¿Qué espera quien esto llega   *Aparte.*
a ver y no se da muerte?)

REY.   Ya que vuestra Alteza vino
a Fez impensadamente,
perdone del hospedaje
la cortedad.

TAR.   No consiente
mi ausencia más dilación
que la de un plazo muy breve;
y supuesto que venía
mi embajador con poderes
para llevar a mi esposa,
como tú dispuesto tienes,
no, por haberlo yo sido,
mi fineza desmerece
la brevedad de la dicha.

REY.   En todo, señor, me vences;
y así por pagar la deuda,
como porque se previenen
tantas guerras, es razón
que desocupado quedes
de estos cuidados; y así
volverte luego conviene
antes que ocupen el paso
las amenazadas huestes
de Portugal.

TAR.   Poco importa,
porque yo vengo con gente
y ejército numeroso,
tal, que esos campos parecen

ciudades más que desiertos,
y volveré brevemente
con ella a ser tu soldado.

REY. Pues luego es bien que se apreste
la jornada; pero en Fez
será bien, Fénix, que entres,
a alegrar esa ciudad.
Muley.

MUL. ¿Gran señor?

REY. Prevente,
que con la gente de guerra
has de ir sirviendo a Fénix,
hasta que quede segura
y con su esposo la dejes. *Vase.*

MUL. (Esto sólo me faltaba, *Aparte.*
para que, estando yo ausente,
aun le falte mi socorro
a Fernando, y no le quede
esta pequeña esperanza.) *Vanse.*

_____

*Sacan en brazos al Infante Don Fernando Don Juan,
Brito y Cautivos, y sacan una estera en que sentarle.*

D. FER. Ponedme en aquesta parte,
para que goce mejor
la luz que el cielo reparte.
¡Oh inmenso, oh dulce Señor,
qué de gracias debo darte!
Cuando como yo se vía
Job, el día maldecía,
mas era por el pecado
en que había sido engendrado;
pero yo bendigo el día
por la gracia que nos da

Dios en él; pues claro está
que cada hermoso arrebol,
y cada rayo del sol,
lengua de fuego será
con que le alabo y bendigo.

BRIT. ¿Estás bien, señor, así?

D. FER. Mejor que merezco, amigo.
¡Qué de piedades aquí,
oh Señor, usáis conmigo!
Cuando acaban de sacarme
de un calabozo, me dais
un sol para calentarme:
liberal, Señor, estáis.

CAUT. 1. Sabe el cielo si quedarme
y acompañaros quisiera,
mas ya veis que nos espera
el trabajo.

D. FER.   Hijos, adiós.

CAUT. 2. ¡Qué pesar!

CAUT. 3.   ¡Qué ansia tan fiera!

Vanse los Cautivos.

D. FER. ¿Quedáis conmigo los dos?

D. JUAN. Yo también te he de dejar.

D. FER. ¿Qué haré yo sin tu favor?

D. JUAN. Presto volveré, señor;
que sólo voy a buscar
algo que comas, porque
después que Muley se fué
de Fez, nos falta en el suelo
todo el humano consuelo;
pero con todo eso iré
a procurarle, si bien
imposibles solicito,

porque ya cuantos me ven,
por no ir contra el edito
que manda que no te den
 ni agua tampoco, ni a mí
me venden nada, señor,
por ver que te asisto a ti;
que a tanto llega el rigor
de la suerte. Pero aquí
 gente viene.   *Vase.*

D. FER.   ¡Oh si pudiera
mover a alguno a piedad
mi voz, para que siquiera
un instante más viviera
padeciendo!

Salen el Rey, Tarudante, Fénix, y Celín.

CELÍN.   Gran señor,
 por una calle has venido
que es fuerza que visto seas
del Infante y advertido.

REY.   Acompañarte he querido
porque mi grandeza veas.

TAR.   Siempre mis honras deseas.

D. FER.   Dadle de limosna hoy
a este pobre algún sustento;
mirad que hombre humano soy,
y que afligido y hambriento
muriendo de hambre estoy.

 Hombres, doléos de mí,
que una fiera de otra fiera
se compadece.

BRIT.   Ya aquí
no hay pedir de esa manera.

D. Fer.   ¿Cómo he de decir?

Brit.   Así:
            moros, tened compasión,
            y algo que este pobre coma
            le dad en esta ocasión,
            por el santo zancarrón
            del gran profeta Mahoma.

Rey.   Que tenga fe en este estado
            tan mísero y desdichado,
            más me ofende y más me infama.
            Maestre, Infante.

Brit.   El Rey llama.

D. Fer.   ¿A mí, Brito? Haste engañado:
            ni Infante ni Maestre soy,
            el cadáver suyo sí;
            y pues ya en la tierra estoy,
            aunque Infante y Maestre fuí,
            no es ése mi nombre hoy.

Rey.   Pues no eres Maestre ni Infante,
            respóndeme por Fernando.

D. Fer.   Ahora, aunque me levante
            de la tierra, iré arrastrando
            a besar tu pie.

Rey.   Constante
            te muestras a mi pesar.
            ¿Es humildad o valor
            esta obediencia?

D. Fer.   Es mostrar
            cuanto debe respetar
            el esclavo a su señor.
            Y pues que tu esclavo soy,
            y estoy en presencia tuya,
            esta vez tengo de hablarte:

mi Rey y señor, escucha.
Rey te llamé y, aunque seas
de otra ley, es tan augusta
de los reyes la deidad,
tan fuerte y tan absoluta,
que engendra ánimo piadoso;
y así es forzoso que acudas
a la sangre generosa
con piedad y con cordura;
que aun entre brutos y fieras
este nombre es de tan suma
autoridad, que la ley
de naturaleza ajusta
obediencias. Y así, leemos
en repúblicas incultas
al león rey de las fieras,
que cuando la frente arruga
de guedejas se corona,
ser piadoso, pues que nunca
hizo presa en el rendido.
En las saladas espumas
del mar el delfín, que es rey
de los peces, le dibujan
escamas de plata y oro
sobre la espalda cerúlea
coronas, y ya se vió
de una tormenta importuna
sacar los hombres a tierra,
porque el mar no los consuma.
El águila caudalosa,
a quien copete de plumas
riza el viento en sus esferas,
de cuantas aves saludan

al sol es emperatriz,
y con piedad noble y justa,
porque brindado no beba
el hombre entre plata pura
la muerte, que en los cristales
mezcló la ponzoña dura
del áspid, con pico y alas
los revuelve y los enturbia.
Aun entre plantas y piedras
se dilata y se dibuja
este imperio: la granada,
a quien coronan las puntas
de una corteza en señal
de que es reina de las frutas,
envenenada marchita
los rubíes que la ilustran,
y los convierte en topacios,
color desmayada y mustia.
El diamante, a cuya vista
ni aun el imán ejecuta
su propiedad, que por rey
esta obediencia le jura,
tan noble es que la traición
del dueño no disimula:
y la dureza, imposible
de que buriles la pulan,
se deshace entre sí misma,
vuelta en cenizas menudas.
Pues si entre fieras y peces,
plantas, piedras y aves, usa
esta majestad de rey
de piedad, no será injusta
entre los hombres, señor:

porque el ser no te disculpa
de otra ley, que la crueldad
en cualquiera ley es una.
No quiero compadecerte
con mis lástimas y angustias
para que me des la vida,
que mi voz no la procura;
que bien sé que he de morir
de esta enfermedad que turba
mis sentidos, que mis miembros
discurre helada y caduca.
Bien sé que herido de muerte
estoy, porque no pronuncia
voz la lengua cuyo aliento
no sea una espada aguda.
Bien sé, al fin, que soy mortal,
y que no hay hora segura;
y por eso dió una forma
con una materia en una
semejanza la razón
al ataúd y a la cuna.
Acción nuestra es natural
cuando recibir procura
algo un hombre, alzar las manos
en esta manera juntas;
mas cuando quiere arrojarlo,
de aquella misma acción usa,
pues las vuelve boca abajo
porque así las desocupa.
El mundo cuando nacemos,
en señal de que nos busca,
en la cuna nos recibe,
y en ella nos asegura

boca arriba; pero cuando
o con desdén o con furia
quiere arrojarnos de sí,
vuelve las manos que junta,
y aquel instrumento mismo
forma esta materia muda,
pues fué cuna boca arriba
lo que boca abajo es tumba:
tan cerca vivimos, pues,
de nuestra muerte, tan juntas
tenemos, cuando nacemos,
el lecho como la cuna.
¿Qué aguarda quien esto oye?
Quien esto sabe, ¿qué busca?
Claro está que no será
la vida: no admite duda;
la muerte sí: ésta te pido,
porque los cielos me cumplan
un deseo de morir
por la fe; que, aunque presumas
que esto es desesperación
porque el vivir me disgusta,
no es sino afecto de dar
la vida en defensa justa
de la fe, y sacrificar
a Dios vida y alma juntas:
y así, aunque pida la muerte,
el afecto me disculpa.
Y si la piedad no puede
vencerte, el rigor presuma
obligarte. ¿Eres león?
Pues ya será bien que rujas,
y despedaces a quien

te ofende, agravia e injuria.
¿Eres águila? Pues hiere
con el pico y con las uñas
a quien tu nido deshace.
¿Eres delfín? Pues anuncia
tormentas al marinero
que el mar de este mundo surca.
¿Eres árbol real? Pues muestra
todas las ramas desnudas
a la violencia del tiempo
que iras de Dios ejecuta.
¿Eres diamante? Hecho polvos
sé, pues, venenosa furia;
y cánsate, porque yo,
aunque más tormentos sufra,
aunque más rigores vea,
aunque llore más angustias,
aunque más miserias pase,
aunque halle más desventuras,
aunque más hambre padezca,
aunque mis carnes no cubran
estas ropas, y aunque sea
mi esfera esta estancia sucia,
firme he de estar en mi fe;
porque es el sol que me alumbra,
porque es la luz que me guía,
es el laurel que me ilustra.
No has de triunfar de la Iglesia;
de mí, si quisieres, triunfa:
Dios defenderá mi causa,
pues yo defiendo la suya.

REY.   ¿Posible es que en tales penas
blasones y te consueles?

6-2

¿Siendo propias, qué condenas?
No me duelan, siendo ajenas,
si tú de ti no te dueles:
   que pues tu muerte causó
tu misma mano y yo no,
no esperes piedad de mí;
ten tú lástima de ti,
Fernando, y tendréla yo.   *Vase.*

D. FER.   Señor, vuestra Majestad
me valga.

TAR.   ¡Qué desventura!   *Vase.*

D. FER.   Si es alma de la hermosura
esa divina deidad,
vos, señora, me amparad
   con el Rey.

FÉN.   ¡Qué gran dolor!

D. FER.   ¿Aun no me miráis?

FÉN.   ¡Qué horror!

D. FER.   Hacéis bien; que vuestros ojos
no son para ver enojos.

FÉN.   ¡Qué lástima! ¡qué pavor!

D. FER.   Pues aunque no me miréis
y ausentaros intentéis,
señora, es bien que sepáis,
aunque tan bella os juzgáis
que más que yo no valéis,
   y yo quizá valgo más.

FÉN.   Horror con tu voz me das,
y con tu aliento me hieres.
¡Déjame, hombre! ¿Qué me quieres?
Que no puedo sentir más.   *Vase.*

Sale Don Juan, con un pan.

D. JUAN.   Por alcanzar este pan
que traerte, me han seguido
los moros, y me han herido
con los palos que me dan.

D. FER.   Esa es la herencia de Adán.

D. JUAN.   Tómale.

D. FER.   Amigo leal,
tarde llegas, que mi mal
es ya mortal.

D. JUAN.   Déme el cielo
en tantas penas consuelo.

D. FER.   Pero ¿qué mal no es mortal
si mortal el hombre es,
y en este confuso abismo
la enfermedad de sí mismo
le viene a matar después?
Hombre, mira que no estés
descuidado: la verdad
sigue, que hay eternidad;
y otra enfermedad no esperes
que te avise, pues tú eres
tu mayor enfermedad.
   Pisando la tierra dura
de continuo el hombre está,
y cada paso que da
es sobre su sepultura.
Triste ley, sentencia dura
es saber que en cualquier caso
cada paso (¡gran fracaso!)
es para andar adelante,

y Dios no es a hacer bastante
que no haya dado aquel paso.
   Amigos, a mi fin llego:
llevadme de aquí en los brazos.

D. JUAN. Serán los últimos lazos
de mi vida.

D. FER.   Lo que os ruego,
noble Don Juan, es que luego
que expire me desnudéis.
En la mazmorra hallaréis
de mi religión el manto,
que le traje tiempo tanto;
con éste me enterraréis
   descubierto, si el Rey fiero
ablanda la saña dura
dándome la sepultura.
Ésta señalad; que espero
que, aunque hoy cautivo muero,
rescatado he de gozar
el sufragio del altar;
que pues yo os he dado a vos
tantas iglesias, mi Dios,
alguna me habéis de dar.   *Llévanle.*

---

*Sale Don Alfonso, y Soldados con
arcabuces.*

D. ALF.   Dejad a la inconstante
playa azul esa máquina arrogante
de naves, que causando al cielo asombros
el mar sustenta en sus nevados hombros;
y en estos horizontes
aborten gente los preñados montes

del mar, siendo con máquinas de fuego
cada bajel un edificio griego.

Sale Don Enrique.

D. ENR. Señor, tú no quisiste que saliera
nuestra gente de Fez en la ribera,
y este puesto escogiste
para desembarcar: infeliz fuiste,
porque por una parte
marchando viene el numeroso Marte,
cuyo ejército al viento desvanece
y los collados de los montes crece.
Tarudante conduce gente tanta,
llevando a su mujer, felice Infanta
de Fez, hacia Marruecos...
Mas respondan las lenguas de los ecos.

D. ALF. Enrique, a eso he venido,
a esperarle a este paso, que no ha sido
esta elección acaso; prevenida
estaba, y la razón está entendida:
si yo a desembarcar a Fez llegara,
esta gente y la suya en ella hallara;
y estando divididos,
hoy con menos poder están vencidos;
y antes que se prevengan,
toca al arma.

D. ENR.   Señor, advierte y mira
que es sin tiempo esta guerra.

D. ALF.   Ya mi ira
ningún consejo alcanza.
No se dilate un punto esta venganza:
entre en mi brazo fuerte
por África el azote de la muerte.

D. ENR.   Mira que ya la noche,
          envuelta en sombras, el luciente coche
          del sol esconde entre las ondas puras.
D. ALF.   Pelearemos a oscuras,
          que a la fe que me anima
          ni el tiempo ni el poder la desanima.
          Fernando, si el martirio que padeces,
          pues es suya la causa, a Dios le ofreces,
          cierta está la victoria:
          tuyo será el honor, suya la gloria.
D. ENR.   Tu orgullo altivo yerra.
D. FER.   ¡Embiste, gran Alfonso! ¡Guerra, guerra!
                                            Dentro.
D. ALF.   ¿Oyes confusas voces
          romper los vientos tristes y veloces?
D. ENR.   Sí, y en ellos se oyeron
          trompetas que a embestir señal hicieron.
D. ALF.   ¡Pues a embestir, Enrique!, que no hay duda
          que el cielo ha de ayudarnos hoy.

        Sale el Infante Don Fernando, con manto
                capitular y una luz.

D. FER.   Sí ayuda,
          porque obligado el cielo,
          que vió tu fe, tu religión, tu celo,
          hoy tu causa defiende.
          Librarme a mí de esclavidud pretende,
          porque, por raro ejemplo,
          por tantos templos Dios me ofrece un
                templo;
          y con esta luciente
          antorcha desasida del oriente,
          tu ejército arrogante

alumbrando he de ir siempre delante,
para que hoy en trofeos
iguales, grande Alfonso, a tus deseos,
llegues a Fez, no a coronarte ahora,
sino a librar mi ocaso en el aurora.   *Vase.*

D. ENR. Dudando estoy, Alfonso, lo que veo.

D. ALF. Yo no, todo lo creo;
y si es de Dios la gloria,
no digas guerra ya, sino victoria.   *Vanse.*

---

*Salen el Rey y Celín; y en lo alto del tablado Don Juan
y un Cautivo, y el Infante en un ataúd, que se vea
la caja no más.*

D. JUAN.   Bárbaro, gózate aquí
de que tirano quitaste
la mejor vida.

REY.   ¿Quién eres?

D. JUAN. Un hombre que, aunque me maten,
no he de dejar a Fernando,
y aunque de congoja rabie,
he de ser perro leal
que en muerte he de acompañarle.

REY.   Cristianos, ese es padrón
que a las futuras edades
informe de mi justicia;
que rigor no ha de llamarse
venganza de agravios hechos
contra personas reales.
Venga Alfonso ahora, venga
con arrogancia a sacarle

de esclavitud; que aunque yo
perdí esperanzas tan grandes
de que Ceuta fuese mía,
porque las pierda arrogante
de su libertad, me huelgo
de verle en estrecha cárcel.
Aun muerto no ha de estar libre
de mis rigores notables;
y así puesto a la vergüenza
quiero que esté a cuantos pasen.

D. JUAN.   Presto verás tu castigo,
que por campañas y mares
ya descubro desde aquí
mis cristianos estandartes.

REY.   Subamos a la muralla
a saber sus novedades.   *Vanse.*

D. JUAN.   Arrastrando las banderas,
y destemplados los parches,
muertas las cuerdas y luces,
todas son tristes señales.

*Tocan cajas destempladas, sale el Infante Don Fernando,
con una hacha alumbrando a Don Alfonso, y Don
Enrique, que traen cautivos a Tarudante, Fénix y
Muley; y todos los Soldados.*

D. FER.   En el horror de la noche
por sendas que nadie sabe
te guié: ya con el sol
pardas nubes se deshacen.
Victorioso, gran Alfonso,
a Fez conmigo llegaste:
éste es el muro de Fez,
trata en él de mi rescate.   *Vase.*

D. Alf. ¡Ah de los muros! Decid
al Rey que salga a escucharme.

Salen el Rey y Celín al muro.

Rey. ¿Qué quieres, valiente joven?
D. Alf. Que me entregues al Infante,
al Maestre Don Fernando,
y te daré por rescate
a Tarudante y a Fénix
que presos están delante.
Escoge lo que quisieres:
morir Fénix, o entregarle.
Rey. ¿Qué he de hacer, Celín amigo,
en confusiones tan grandes?
Fernando es muerto, y mi hija
está en su poder. ¡Mudable
condición de la fortuna
que a tal estado me trae!
Fén. ¿Qué es esto, señor? Pues viendo
mi persona en este trance,
mi vida en este peligro,
mi honor en este combate,
¡dudas qué has de responder!
¿Un minuto ni un instante
de dilación te permite
el deseo de librarme?
En tu mano está mi vida,
¿y consientes (¡pena grave!)
que la mía (¡dolor fiero!)
injustas prisiones aten?
De tu voz está pendiente
mi vida (¡rigor notable!),
¿y permites que la mía
turbe la esfera del aire?

A tus ojos ves mi pecho
rendido a un desnudo alfanje,
¿y consientes que los míos
tiernas lágrimas derramen?
Siendo Rey, has sido fiera;
siendo padre, fuiste áspid;
siendo juez, eres verdugo:
ni eres Rey, ni juez, ni padre.

REY.   Fénix, no es la dilación
de la respuesta negarte
la vida, cuando los cielos
quieren que la mía acabe.
Y puesto que ya es forzoso
que una ni otra se dilate,
sabe, Alfonso, que a la hora
que Fénix salió ayer tarde,
con el sol llegó al ocaso,
sepultándose en dos mares
de la muerte y de la espuma,
juntos el sol y el Infante.
Esta caja humilde y breve
es de su cuerpo el engaste.
Da la muerte a Fénix bella:
venga tu sangre en mi sangre.

FÉN.   ¡Ay de mí! Ya mi esperanza
de todo punto se acabe.

REY.   Ya no me queda remedio
para vivir un instante.

D. ENR.   ¡Válgame el cielo! ¿Qué escucho?
¡Qué tarde, cielos, qué tarde
le llegó la libertad!

D. ALF.   No digas tal; que si antes
Fernando en sombras nos dijo

que de esclavitud le saque,
por su cadáver lo dijo,
porque goce su cadáver
por muchos templos un templo,
y a él se ha de hacer el rescate.
Rey de Fez, porque no pienses
que muerto Fernando vale
menos que aquesta hermosura;
por él, cuando muerto yace,
te la trueco. Envía, pues,
la nieve por los cristales,
el enero por los mayos,
por las rosas los diamantes,
y al fin, un muerto infelice
por una divina imagen.

REY.   ¿Qué dices, invicto Alfonso?
D. ALF.   Que esos cautivos le bajen.
FÉN.   Precio soy de un hombre muerto;
            cumplió el cielo su homenaje.
REY.   Por el muro descolgad
            el ataúd, y entregadle;
            que para hacer las entregas
            a sus pies voy a arrojarme.

Vase, y bajan el ataúd con cuerdas por el muro.

D. ALF.   En mis brazos os recibo,
            divino príncipe mártir.
D. ENR.   Yo hermano, aquí te respeto.
D. JUAN.   Dame, invicto Alfonso, dame
            la mano.
D. ALF.   Don Juan, amigo,
            ¡buena cuenta del Infante
            me habéis dado!

D. Juan.   Hasta su muerte
le acompañé, hasta mirarle
libre; vivo y muerto estuve
con él: mirad dónde yace.
D. Alf.   Dadme, tío, vuestra mano;
que aunque necio e ignorante
a sacaros del peligro
vine, gran señor, tan tarde,
en la muerte, que es mayor,
se muestran las amistades.
En un templo soberano
haré depósito grave
de vuestro dichoso cuerpo.
A Fénix y a Tarudante
te entrego, Rey, y te pido
que aquí con Muley la cases,
por la amistad que yo sé
que tuvo con el Infante.
Ahora llegad, cautivos,
vuestro Infante ved, llevadle
en hombros hasta la armada.
Rey.   Todos es bien le acompañen.
D. Alf.   Al son de dulces trompetas
y templadas cajas marche
el ejército con orden
de entierro, para que acabe,
pidiendo perdón aquí
de yerros que son tan grandes,
el Católico Fernando,
Príncipe en la Fe Constante.